レッド・ステイツの真実

アメリカの知られざる実像に迫る

西森マリー 著
Marie Nishimori

研究社

目次

まえがき

Public Opinion Polls

●2011年1月、ギャラップ社が2万5396人の18歳以上のアメリカ人を対象に行なった世論調査

あなたが支持する政党は？

民主党……45%
共和党……44%
その他……11%

●2009年6月、ギャラップ社が18歳以上のアメリカ人1000人を対象に行なった世論調査

あなたのイデオロギーは？

保守派……40%
中道派……35%
リベラル……21%
その他……4%

●2009年クリスマスの時期、ギャラップ社の世論調査

あなたの宗教は?

プロテスタント(カトリック以外の宗派のキリスト教)	56%
カトリック	22%
無宗教	13%
その他	9%

(キリスト教と答えた人 78%)

あなたの人生において宗教はどれほど重要ですか?

非常に重要	56%
かなり重要	25%
それほど重要ではない	19%

あなたは教会、またはシナゴーグに所属していますか?

している	63%
していない	37%

宗教は全ての、あるいはほとんどの問題を解決してくれる……………57％
宗教は時代遅れのものである……………29％
その他・意見なし……………14％

●2005年5月、2006年5月、2007年5月にギャラップ社が1000人のアメリカの成人を対象に行なった世論調査の平均値

聖書に関するあなたの見解は？

聖書は神の言葉であり、文字通り解釈されるべき……………31％
聖書は神からインスピレーションを受けた言葉を記したもの……………47％
聖書は古代の寓話、歴史、伝説を人間が記したもの……………19％
その他・意見なし……………3％

ブルー・ステイツとレッド・ステイツ

アメリカでは4年ごとに大統領選が行なわれるたびに、民主党候補が勝った州、共和党候補が勝った州をそれぞれの党のカラーである「青」と「赤」に塗り分けます。

2000年の大統領選では民主党のゴア候補が東西海岸と五大湖近郊の都会型・工業地帯の州で勝ち、共和党のブッシュ候補がその他の非都会型・農業地帯の州で勝ち、青と赤がハッキリと分かれました。

これ以降、民主党の強い都会型・工業地帯の州は「ブルー・ステイツ」、共和党の強い非都会型・農業地

帯の州は「レッド・ステイツ」と呼ばれるようになりました。

民主党は政府による福祉、政府による企業の取り締まりを望み［＝大きな政府］、金持ちへの増税による富の再分配／経済への介入／中絶／銃規制／同性愛者の結婚／環境保護／マルチ・カルチャー化を支持し、キリスト教の影響を排除しようとする党です。

一方、共和党は連邦政府の力を最小限にとどめ［＝小さな政府］、規制緩和／減税／キリスト教の権威を支持し、中絶／銃規制／同性愛者の結婚に反対し、快適な生活を妨げる環境保護は非アメリカ的だと主張している党です。

民主党の支持基盤は、教員組合を含む労働組合員とリベラルな思想を持つインテリ層と黒人の9割、ヒスパニックの大多数、さらにジョージ・ソロス、マーク・ザッカーバーグ、ウォーレン・バフェットなどの大金持ちとハリウッドのセレブたち。

一方、共和党はビジネス優遇政策を好むので「金持ちの党」と思われがちですが、実際には共和党支持者のほとんどは中流以下で、貧困層の人々も少なくありません。

つまり、共和党支持者の多くは実際には共和党の経済政

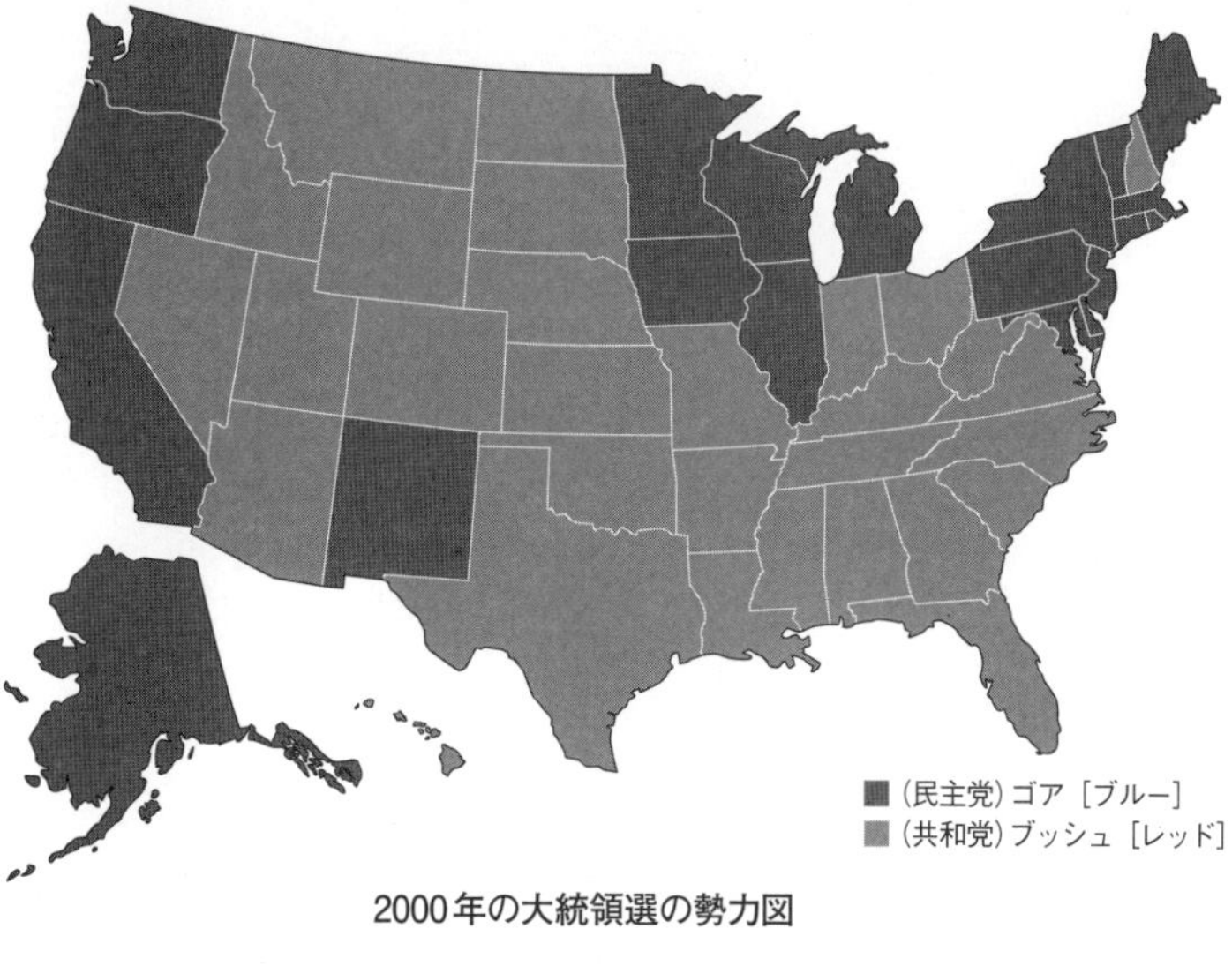

2000年の大統領選の勢力図

策の「被害者」となる確率が高い層の人々なのです。

経済面では民主党を支持してしかるべき層の人々が共和党を支持している理由はただ一つ。それは、彼らが〈保守的なキリスト教徒〉だからです。

この本は、「レッド・ステイツ」の人々がどのように聖書を解釈してキリスト教を共和党支持の拠《よ》り所にしているかを解き明かすための手引きです。

日本でアメリカ通と言われている人々は、NYやカリフォルニア、シカゴ、ワシントンDCなどの大都会に留学・滞在経験のある方々です。アメリカのジャーナリストも都心部出身の人が圧倒的に多いため、日本でもアメリカでもレッド・ステイツのメンタリティを理解できるジャーナリストはほとんどいません。大都会のアメリカしか知らない日本の特派員とブルー・ステイツで育ったアメリカのジャーナリストの報道を聞いている限り、レッド・ステイツの人々の意見は取るに足らないマイノリティ（少数派）の愚考としか思えないでしょう。

しかし、実際には、アメリカの総人口のほぼ半数を占めるレッド・ステイターたちのイデオロギーは決して無視するわけにはいかないのです。

レッド・ステイツのメンタリティを分かりやすく解説した本書は、アメリカの政治やアメリカという国の〈素顔〉に興味のある方にとっての「必読書」。

アメリカの政治にほとんど興味がない方は、保守派キリスト教徒の〈目からウロコ〉の「聖書」解釈法を詳しく説明している一風変わった「解説本」としてお楽しみいただけたら幸いです。

第一章　始まりは創世記

Public Opinion Polls

●２００８年5月8日～11日にギャラップ社が18歳以上のアメリカ人１０１７人を対象に行なった世論調査

以下の選択肢の中であなたの見解にいちばん近いものはどれですか？

①人間は神に導かれ何百年もかけて進化を遂げた
②人間は神の関与なしに何百年もかけて進化を遂げた
③人間は１万年ほど前に神が創造したままの姿である

調査対象になった１０１７人のアメリカ人の答え

①人間は神に導かれ何百年もかけて進化を遂げた……36％
②人間は神の関与なしに何百年もかけて進化を遂げた……14％
③人間は１万年ほど前に神が創造したままの姿である……44％
④無回答・分からない……6％

支持政党別の内訳

共和党の人々

①人間は神に導かれ何百年もかけて進化を遂げた……………32%
②人間は神の関与なしに何百年もかけて進化を遂げた……………4%
③人間は1万年ほど前に神が創造したままの姿である……………60%
④無回答・分からない……………4%

無党派の人々

①人間は神に導かれ何百年もかけて進化を遂げた……………36%
②人間は神の関与なしに何百年もかけて進化を遂げた……………19%
③人間は1万年ほど前に神が創造したままの姿である……………40%
④無回答・分からない……………5%

民主党の人々

①人間は神に導かれ何百年もかけて進化を遂げた……………39%
②人間は神の関与なしに何百年もかけて進化を遂げた……………17%
③人間は1万年ほど前に神が創造したままの姿である……………38%
④無回答・分からない……………6%

教会に行く頻度による内訳

毎週教会に行く人々

①人間は神に導かれ何百年もかけて進化を遂げた……………………26％
②人間は神の関与なしに何百年もかけて進化を遂げた………………1％
③人間は1万年ほど前に神が創造したままの姿である………………70％
④無回答・分からない………………………………………………3％

ほぼ毎週、あるいは毎月行く人々

①人間は神に導かれ何百年もかけて進化を遂げた……………………41％
②人間は神の関与なしに何百年もかけて進化を遂げた………………6％
③人間は1万年ほど前に神が創造したままの姿である………………50％
④無回答・分からない………………………………………………3％

ほとんど行かない、あるいは全く行かない人々

①人間は神に導かれ何百年もかけて進化を遂げた……………………39％
②人間は神の関与なしに何百年もかけて進化を遂げた………………28％
③人間は1万年ほど前に神が創造したままの姿である………………24％
④無回答・分からない………………………………………………9％

1982年に行なわれた同じアンケートの結果

①人間は神に導かれ何百年もかけて進化を遂げた……………38%
②人間は神の関与なしに何百年もかけて進化を遂げた……………9%
③人間は1万年ほど前に神が創造したままの姿である……………44%
④無回答・分からない……………9%

神による天地創造

聖書は真実の源だと信じている福音主義者（Evangelical）を始めとする、保守派キリスト教徒の思想の土台となっているのは、旧約聖書の創世記に記されている「神が万物を創造した」という「creationism（天地創造説）」です。

創世記は、「始めに神は天と地を創造した」という一言で始まり、こう続きます。

地は形がなく空しく、闇が深淵の表面を覆い、水の表面を神の霊が覆っていた。神は「光あれ」と言った。すると光が現れた。神はその光を見て、良しとした。神は光と闇を分けた。神は光を昼と名付け、闇を夜と名付けた。そして夕方になり、朝になった。第一日である。

これが保守派キリスト教徒（キリスト教右派）の宇宙観、世界観の基本です。彼らは、もやもやとした形のないものから神が天と地、光と闇を創造した、と信じているのです。

創世記はさらにこう続きます。

そして神は言った。「水の間に空をおき、水と水を分けよ」。神は空を創り、空の下の水と空の上の水を分けた。そして夕方になり、朝になった。第二日である。

空の上の水、というのは雨、雨雲、大気圏にある水分のことです。

三日目の記述を見てみましょう。

神はまたこう言った。「空の下の水は一か所に集まり、乾いた地が現れよ」。すると、そのようになった。神は乾いた地を陸と名付け、集まった水を海と名付けた。神はそれを見て、良しとした。そして神は言った。「地は草木を生やせ。種を持つ草と、種類に従って実を結ぶ木々を地の上に生えさせよ」。すると、そうなった。地は草木を生やし、それぞれの種類に従って種を持つ植物と、種類に従って種のある実を結ぶ木々を生えさせた。神はこれを見て、良しとした。夕方になり、朝になった。第三日である。

自然環境は神が創造してくれたもの、ということです。

次は四日目です。

神はまた言った。「天の空に光あれ、昼と夜を分け、季節、日々、年を示す印になり、天の空で地を照らす光となれ」。すると、そのようになった。神は二つの大きい光を造り、大きな光に昼を司らせ、小さい光に夜を司らせた。神は星も造った。神は天の空にそれらを配置して地を照らさせ、昼と夜を司らせ、光と闇を分けさせた。神はこれを見て、良しとした。夕方になり朝になった。第四日である。

中心はあくまでも地球、ということです。

ですからコペルニクスの地動説なんてとんでもなかったわけで、ガリレオが宗教裁判にかけられたのも当然のなりゆきだったのです。

五日目を見てみましょう。

そして神は言った。「水は生き物の群れで満ち、鳥は地の上の天の空を飛べ」。神は海の偉大なる生き物と、海の中に群がるあらゆる動く生き物を種類ごとに創造し、翼のある全ての鳥を種類に従って創造した。神はそれを見て、良しとした。神はこれらを祝福して、言った。「生めよ、増えよ、海の水を満たせ、鳥は地で増えよ」。夕べになり、朝になった。第五日である。

最初の動物が水中から発生した、という点は、生物学と足並みをそろえています。

六日目はいよいよ人間のお出ましです。

そして神は言った。「地に種類に従って生き物をいだせよ。家畜と這うものと地の獣をいだせよ」。そのよう

になった。神は、地の獣を種類に従い、家畜を種類に従い、地を這うものを種類に従って造った。神はそれを見て、良しとした。
また神は言った。「我々の形に、我々に似せて人を造り、人に海の魚、空の鳥、家畜、地の全ての獣、地の全ての這うものを支配させよ」。神は自分の形に人を創造した。神の形に、人を創造した。男と女を創造した。神は彼らを祝福して、言った。「生めよ、増えよ、地を満たし、地を従わせよ。海の魚、空の鳥、地に動く全ての生き物を支配せよ」。そして神は言った。「私は、全ての地にある種を持つ全ての草と、種のある実を結ぶ全ての木をあなたがたに与える。これらはあなたがたの食物になるのだ。そして地の全ての獣、空の全ての鳥、地を這う全てのもの、つまり命あるものの全てに食物として緑の草を与える」。そのようになった。神は、神が造った全てのものを見ると、全てが実にすばらしかった。夕方になり、朝になった。第六日である。

この記述を信じている人々にとっては、人間がサルから進化したという「進化論」は、まさに神への冒瀆なのです。

そして、七日目には神様も「お休み」をとります。

かくして天と地、万象が完成した。そして七日目に神は全ての作業を終え、作業を終えた七日目に休んだ。神は第七日を祝福し、聖別した。神がこの日に全ての作業を終えて休んだからである。
これが天地創造の由来である。

このあと神は、土のちりで人を造り、命の息を鼻から吹き入れて、人が生きたものとなります。

それで、神は東のかた、エデンに一つの園を設けて、そこに人を置き、人のために見た目も美しく食用としてふさわしい実をつけるあらゆる木々を地から生えさせ、人にこう言います。

「どの木から（実を）取って食べてもいいが、善悪を知る木から取って食べてはならない。そういうことをすると死ぬだろう」

そのあと、神は「人がひとりでいるのはよくない」と言い、人を深く眠らせ、あばら骨の一つを取って、そこを肉でふさぎ、取ったあばら骨から女を造ります。

ところが、女（イヴ）はヘビに「善悪を知る木から取って食べても死ぬことはなく、神のように善悪を知る者になれる」とそそのかされて、禁断の果実を食べ、近くにいた男（アダム）にもそれを与えたので、神の怒りを買い、エデンの園から追放されてしまいます。

宇宙も、宇宙の中にある万物も神が創造した、という「キリスト教の事実」は、レッド・ステイツの人々の思考経路の始点となっています。

ですから、レッド・ステイツの人々と話をするときには、彼らがここでご紹介した創世記の最初の部分を「事実」として受け入れている、ということを常に頭に置いておかなくてはなりません。

聖書には著作権がないとはいえ、創世記を全部紹介すると読者のみなさんが疲れてしまうでしょうから、以下、どうしても知っておきたい「ノアの方舟」の記述をかいつまんでご紹介しておきましょう。

ノアの方舟

ノアは、アダムとイヴの息子（第三子）セツの直系の子孫です。

彼の時代には人々が悪を行なっていたので、神は洪水を起こして悪を一掃しようとしますが、善人のノアと彼の家族だけは救おうとします（詳しくは24ページ参照）。

ノアは神に言われて方舟を造り、彼と彼の家族、あらゆる動物、鳥、地に這うものの雄と雌のつがいと共に方舟に乗り込みます。

その後、雨が40日40夜降り続き、雨がやんだ7日目にハトを放つと、ハトはオリーヴの若葉をくわえてノアのもとに戻り、ノアは水がひいたことを知ります。

そして、神は「人間の悪事への罰として全ての生き物を滅ぼすような行為は二度としない」と約束し、ノアと彼の子供たちを祝福してこう言います。

「生めよ、増えよ、地に満ちよ。地の全ての獣、空の全ての鳥、海の全ての魚はあなたがたを恐れ、おののき、あなたがたは彼らの上に立つのだ。動くもの全てがあなたがたの食物になる。緑の草をあなたがたに与えたように、私はこれらのもの全てをあなたがたに与える」

そして、方舟からノアと、彼の子供たちセム、ハム、ヤペテが地に降り立ち、聖書には「全地上の民は彼らから出て広がった」と記されています。

我々はみな、ノアの子孫、つまりアダムとイヴの子孫、つまりは「神の創造物」ということなのです。

ごく普通の日本人やリベラルなアメリカ人にとっては、こうした記述は非科学的でナンセンス以外の何物でもないのですが、保守派キリスト教徒やイスラム教徒、ユダヤ教徒の多くはそれぞれにとっての一神教の神が万物を創造したと信じています。

ですから、彼らと建設的な話し合いをするためには、彼らの信条を尊重し、天地創造説を頭ごなしにバカにした態度で接することは避けるべきです。

科学を信じる人々が常識的な論拠をあげて理路整然と話をしても、天地創造説信奉者との話し合いは平行線をたどるだけであることが圧倒的に多いことは否めませんが、宗教に対する尊敬の気持ちを少しでも見せれば、少なくともケンカになることは避けられるでしょう。

第二章　天地創造説 VS. 進化論

Public Opinion Polls

●チャールズ・ダーウィン生誕２００年目の２００９年2月6日〜7日にかけて18歳以上のアメリカ人１０１８人を対象に行なわれたギャラップ社の世論調査

あなたは「進化論」が正しいと信じていますか？

①信じている……39％
②信じていない……25％
③どちらとも言えない……36％

学歴別の内訳

高卒、それ以下の学歴

①信じている……21％
②信じていない……27％
③どちらとも言えない……52％

大学で授業を受けたことがある

①信じている……41%

②信じていない……29%

③どちらとも言えない……30%

大卒

①信じている……53%

②信じていない……22%

③どちらとも言えない……25%

大学院卒

①信じている……74%

②信じていない……11%

③どちらとも言えない……15%

教会に行く頻度による内訳

毎週行く人々

①信じている……24%

②信じていない……41%

③ どちらとも言えない……………………………………35％

ほぼ毎週、あるいは毎月行く人々
① 信じている……………………………………………30％
② 信じていない…………………………………………26％
③ どちらとも言えない…………………………………44％

ほとんど行かない、全く行かない人々
① 信じている……………………………………………55％
② 信じていない…………………………………………11％
③ どちらとも言えない…………………………………34％

年齢別による内訳

18歳～34歳
① 信じている……………………………………………49％
② 信じていない…………………………………………18％
③ どちらとも言えない…………………………………33％

35歳～54歳
① 信じている……39％
② 信じていない……24％
③ どちらとも言えない……37％

55歳以上
① 信じている……31％
② 信じていない……30％
③ どちらとも言えない……39％

恐竜もノアの方舟に乗り込んだ

人間は「神が自らの姿に似せて創造したもの」だと信じている人々にとっては、「人間はサルから進化した」というダーウィンの進化論は神への冒瀆なので、彼らは進化論を信じる人々に対して並々ならぬ怒りを感じています。

彼らは、19ページでご紹介した創世記6章～9章に出てくるノアの方舟の記述も全て史実であり、真実であると信じています。

聖書の記述によると、ノアの方舟は全長およそ450フィート、幅75フィート、高さ45フィートという巨大な船だったので、保守派キリスト教徒の多くはこの船に恐竜を含むあらゆる動物がつがいで乗り込んだと信じています。

アーカンソー州にあるThe Museum of Earth History（地球の歴史博物館）には、恐竜がつがいでノアの方舟に乗り込む展示物があります。また、ケンタッキー州にあるCreation Museum（天地創造博物館）には人間と草食のティラノザウルスが仲良く暮らしているシーンを描いた展示物があり、天地創造説を信じている人々はこういう展示物を見ても何の疑問も抱きません。

聖書に基づく信仰のみを強調する「福音主義者（Evangelical）」たちが大きな発言力を持っていたブッシュ政権時代には、グランド・キャニオン国立公園の売店の科学書コーナーで「グランド・キャニオンはノアの方舟の時代の大洪水によって創られた」と説明している*Grand Canyon: A Different View*という本が売られていました（後に、科学者たちが抗議した結果、「インスピレイションを与える書物」のコーナーに移されました）。

聖書を全面的に信じている人々は、恐竜が絶滅したのは、ノアの方舟を降りた後だと思っていて、聖書にもちゃんと恐竜に関する記述が出てくると主張しています。

ヨブ記に出てくる海の巨獣behemoth（ビヒモス［べヘモット］。日本語では「カバ」と訳されることが多いようです）とleviathan（リヴァイアサン［レビヤタン］。日本の聖書では「ワニ」と訳されています）が、それぞれプレシオサウルスとクロノサウルスだったのだろう、というのです。

聖書の記述を見てみましょう。

ビヒモスを見よ。これはあなたと同じく私（神）が創ったものだ。牛のように草を食べる。見よ、その力は

腰にあり、勢いは腹の筋にある。尾を杉のように動かし、腿に筋肉が密集している。骨は青銅の管のように丈夫で、肋骨は鉄の棒のようだ。（ヨブ記40章15節～18節）

その背は盾の列でできていて、密封されたように密接して堅く閉ざされているので風もその間に入り込めず、互いに連なり堅くくっついているので切り裂くことはできない。これ（リヴァイアサン）がくしゃみをすると光を発し、目は曙のまぶたに似ている。口からは炎が燃えいで、火花が散り、鼻の穴からは煙が出て、煮えたぎる鍋か、沸騰する釜のようだ。その息は炭火をおこし、口からは炎が出る。（ヨブ記40章15節～22節）

この二つの記述を根拠に、聖書の記述が真実だと信じている人たちは、恐竜と人間が同時期に生息していたと信じて疑わないのです。

ビヒモスは確かに草食の恐竜みたいですが、リヴァイアサンは恐竜というよりゴジラに近いような気がしますが…。

ちなみに、ケンタッキー州にある天地創造博物館は、総工費２７００万ドル、敷地49エーカーという、この種の博物館としては最大のものです。

エデンの園、巨大なノアの方舟、実物大のアニマトロニックの恐竜（80体以上！）などの展示物は、ユニヴァーサル・スタジオのアトラクションの設計者パトリック・マーシュのデザインによるもので、保守派クリスチャンの大人たちは「子供にとっても楽しめてタメになる最高の施設」と賛美しています。

２００７年にオープンして以来、９か月で訪問者数が50万人を超え、今でもクリスチャンの間ではディズニーランドをしのぐほどのアトラクションになっています。

公立学校の生物の時間で「進化論」を教えるかどうかの戦い

公立学校の生物の時間にダーウィンの進化論を教えるかどうかが最初に問題になったのは、１９２５年のことです。

「人間が劣等な動物の子孫である、という聖書に背く説を教えてはならない」という州法を設定したばかりのテネシー州で、ジョン・スコープという高校の生物学の教師が進化論を教え、州がその教師を訴えた裁判になりました。

この裁判はスコープ・モンキー裁判と呼ばれ、アメリカ中の注目を浴びました。

原告側の弁護士は、大統領選に3回立候補した民主党の政治家ウィリアム・ジェニングズ・ブライアン氏。ＡＣＬＵ（米国自由人権協会）が被告のために手配した弁護士は、左派の人々から崇拝されているクラレンス・ダロウ氏。

冒頭陳述でブライアン氏が「進化論が勝ったらキリスト教はもう終わりです」と言えば、ダロウ氏は「裁判にかけられているのはスコープではなく文明です」と応戦。

ダロウ氏が、ヨナがクジラに飲み込まれて3日間クジラの腹の中で過ごした後に吐き出された、などの聖書の記述を挙げると、原告側は「聖書の記述全てを文字通り鵜呑みにすることはない」と譲歩しました。

しかし、この裁判では被告が有罪となり、裁判官は「１００ドルの罰金を支払え」という判決を下しました。

そこで、被告側は上訴し、テネシー州最高裁は「罰金は裁判官ではなく陪審が設定すべきだった」という観点から下級裁判所の判決を無効とし、天地創造説と進化論の真の対決は１９６８年まで持ち越されることになります。

スコープ・モンキー裁判の後、アーカンソー州とミシシッピー州がテネシー州の法律に似た「聖書の教えに反する進化論を教えてはならない」という州法を制定。

1967年にアーカンソーの高校の生物教師が教職者協会とACLUのバックアップを受けてこの州法は違憲だ、と裁判を起こし、アーカンソー州の最高裁が「特定の宗教の教えを基盤にした法律なので合衆国憲法修正第一条違反」という判決を下しました［修正第一条　合衆国議会は国教樹立に関する法律、宗教の自由を抑圧する法律を作ってはならない。（これに関しては第四章を参照）］。

その後、進化論を禁じる動きは衰退しましたが、1990年代には進化論を教えている生物の教科書に**「この教科書には進化論が含まれています。進化論は生物の起源に関する一つの説であり、事実ではないので、偏見のない姿勢で慎重に取り組み、じっくり検討すべきです」**というステッカーを貼る州や、「人間の把握力を超える崇高な知性ある存在（intelligent designer）が万物の創造に関与した」というインテリジェント・デザインと呼ばれる説を教える州が出てきました。

アメリカは州ごとに教育方針がまちまちで、それぞれの州で選出された教育委員たちがどの教科書を選ぶかなどを含む公立学校のポリシーを決めているので、誰が教育委員に当選するかでポリシーがころころ変わってしまうのです（州の委員会が州全体の教育方針を決めるのではなく、学区ごとの委員会の地方自治に任せている州もあります）。

以下、進化論をめぐる戦いが話題になった州の現状をご紹介しましょう。

◎アラバマ州

1995年に進化論を教えている教科書に右記のステッカーを貼ることを義務づけましたが、2001

年にステッカーの文章を「〈進化〉の様々な意味を区別し、進化論に関する未解決の問題や答えの出ていない疑問に対処するように」という表現に変更しました。

◎ジョージア州

コッブ郡の学区で、2000人以上の親が「公立学校では進化論しか教えていない。他の論も教えるべきだ」と抗議しました。これに応えて、教育委員会は進化論を教えている教科書に右記のステッカーを貼ることを義務づけました。

2005年にACLUに「修正第一条違反」と訴えられ、連邦裁判所が「このステッカーは特定の宗教の信条を押しつけるおそれがある」とACLUの言い分を認め、ステッカーは除去されました。

◎アーカンソー州

ビーブ郡の学区では、1990年代から進化論が出てくる生物の教科書に次のようなステッカーを貼っていました。

「この教科書には進化論が載っています。進化論は、植物、動物、人間などの生物の起源に関する科学的な説明として一部の科学者が提示している賛否両論のある一つの説です。多くの人々が進化論だけでは生物の起源を説明できず、インテリジェント・デザイン説が道理にかなっていると信じています」

2005年にACLUがこのステッカーを撤去しないと裁判に訴える、と宣言。ジョージア州コッブ郡が裁判に負けた後だったので、ビーブ郡はACLUの要請に屈してステッカーを貼ることをやめました。

◎フロリダ州

２００８年に、公立学校の生物の時間に「進化論という説」を教えることを義務づけました。

当時のフロリダ州教育委員会は保守派３人、中道に近い保守派１人、左派３人という構成。「進化論を教える」を「進化論という説を教える」という表現にしたことで、左派３人が中道に近い保守派委員の賛同を得ることができました。

◎カンザス州

カンザス州では、２００４年に保守的な人々が教育委員会でマジョリティ（多数派）を占めて公立学校でインテリジェント・デザインを教えることにしました。

しかし、２００６年の選挙では中道派が多く当選してマジョリティとなり、２００７年にはインテリジェント・デザインの教育は排除されました。

◎ケンタッキー州

１９７６年に「公立学校で進化論を教える教師は代替説として天地創造説を教えてもよい」という州法が成立し、１９９０年に再度、同じ法律が可決されました。

１９９９年には、「進化論」という言葉が「時を経た変化」に置き換えられました。

◎ルイジアナ州

１９８１年に「公立学校の科学の時間に進化論を教える場合は、天地創造説も教えなくてはならない」

という州法が可決されました。

1987年、最高裁が、この法律は修正第一条違反という判決を下しました。

2008年、「科学を批評的に分析するための資料を公立学校で使用してもよい」という州法が通り、事実上インテリジェント・デザインに関する資料を教師が提供することが許されています。

◎ペンシルヴァニア州

2004年、ドーヴァー郡の教育委員会が「中学3年生の生物の時間にインテリジェント・デザインについて触れなければならない」というポリシーを可決し、直後に親たちが裁判を起こしました。

2005年11月、右派の教育委員たちが落選し、進化論支持者が当選。その1か月後、地方裁判所が「このポリシーは修正第一条違反」という判決を下しました。

◎オハイオ州

2004年、州の教育委員会が事実上インテリジェント・デザインの紹介を可能にする「進化論を客観的に分析するポリシー」を採択しましたが、2005年にペンシルヴァニアのドーヴァー郡が採用したポリシーが違憲となったことで、2006年にこのポリシーは廃止されました。

◎ニューメキシコ州

2005年、リオ・ランチョー郡の教育委員会が「分別のある人々がデータの解釈に関して意見を異にすることがある、と理解させるために、教師と生徒は進化論以外の説に関して話してもよい」というポリシーを採択。
ＡＣＬＵや科学者、親、教師から文句が出て、２００６年に「分別のある人々が科学、宗教に関して意見を異にすることがあると生徒に教える」というポリシーに切り替えましたが、それでも抗議がやまず、２００８年にこのポリシーは打ち切りになりました。

◎テキサス州

２００９年にテキサス州教育委員会が採択した科学のポリシーには、以下のような記述が含まれています。

・**科学の定義、及び科学には限界がある、ということを生徒に教える。**
・**科学的な学説は、科学の発展、及び新しいテクノロジーの発展により変わることがあり得る。**

◎ウィスコンシン州

２００４年、グランズバーグ郡の教育委員会が「生物の起源に関し、複数の説を教える」というポリシーを採択しましたが、親や科学者、ＡＣＬＵから文句が出て、「進化論の科学的長所と短所を生徒に教える。この方針は天地創造説、インテリジェント・デザインを教えなければならない、というものではない」という言葉に書き換えました。

これらのポリシーの中で特に注目に値するのは、「学問の自由」という観点から進化論が擁護されているルイジアナ州のポリシーです。生徒の見聞を広めて、データを批判的に分析する能力を身につけさせる、という見事なアングルの転換と言えるでしょう。

今後、保守派の人々がマジョリティを占める州の教育委員会では、ルイジアナのポリシーを採用する可能性も出てくるでしょう。

また、このポリシーがもし裁判に持ち込まれた場合、修正第一条がどのように解釈されるかが、裁判の見所となります。

さて、ここまで読んで、みなさんの中には21世紀になっても天地創造説を科学の時間に忍び込ませようとする動きがある、という事実に唖然としている人が多いのではないでしょうか？

しかし、驚くのはまだ早い！

進化論と天地創造説が戦って、とりあえず進化論が勝っているのはあくまでも公立学校での話です。

私立のクリスチャンの学校やホームスクール（詳しくは272ページ参照）をしている家では、天地創造説やインテリジェント・デザインを教えるテキストを使っている場合が少なくありません。

ホームスクールを選んだ親の中には、「公立学校では科学の時間に進化論なんぞを教えているから学校へはやらない」と言っている人がかなりの割合で存在します。

右派キリスト教徒御用達の大学として有名なボブ・ジョーンズ大学の出版部が出している*Biology for Christian Schools*（クリスチャンの学校のための生物）という高校の生物のテキストには、次のような記述が載っています。

- 「聖書に記されていることは全て真実であり、人間が言うことは正しいときもあれば正しくないときもある」というのがクリスチャンが取るべき姿勢である。
- 科学が出した結論が神の言葉と矛盾するときは、いかに多くの科学的事実に裏付けされようとも、その結

論は間違っている。

・クリスチャンは、聖書と矛盾することは無視しなければならない。

科学では立証できないことを信じる行為そのものが、宗教を信じるということなので、「天地創造説」を信じている人たちとは、科学的な議論はほとんど不可能と言っても過言ではないでしょう。

ちなみに、2010年5月、アラバマ州知事選のキャンペーンで、保守派の共和党の人々が中道派の共和党候補者ブラッドレー・バーン氏を批判するコマーシャルを流しました。

そのCMは、バーン氏の顔写真とロバ（民主党のシンボル）のイラストのバックに、こういうナレーションが流れるものでした。

ブラッドレー・バーンは民主党でしたが、共和党に鞍替えしました。教育委員だったときは、進化論を教えることを支持し、「進化論が最も適切に生命の起源を説明している」と言いました。つい最近も、「聖書は、全部が真実というわけではない」と発言しています。政治家になってからは、バーンは財産税、所得税の増税に賛成票を投じました。ブラッドレー・バーンは保守派を装っているリベラルな人間にすぎません。

こんなCMが流れることもオドロキですが、真に驚異的なのはこのCMに対するバーン氏の対応です。バーン氏は、メディアに自身が真のクリスチャンであることをアピールし、選挙本部のオフィシャル・ウェブサイトにも、以下のような文章を掲載したのです。

私は、聖書は神の言葉であり、聖書の一字一句が真実であると信じています。この選挙キャンペーンが始まった頃から、私の発言の断片を使って、私があたかも聖書を信じていないかのように見せかける動きがありましたが、私の信仰は私の人生の中心であり、イエス・キリストが私の救世主、そして主である、と信じることが私のあらゆる行動の道しるべとなっているのです。

クリスチャンとして、そして公務員として、私は万物が神が創造した傑作であるということを一度たりとも疑ったことはありません。アラバマ州教育委員会のメンバーだったとき、州の教科書で天地創造説を教えるために私が闘ったことは、記録を見れば明らかです。私を攻撃している人々は、私の発言を歪曲し、ねじ曲げ、誤って伝え、アラバマ州の人々に真っ赤な嘘を吹聴しているのです。

２００９年の世論調査では、18歳から34歳までの人々は49％が進化論を信じている、ということですから、科学を信じる人たちは、次の世代の子供たちに期待をかけてください。

第三章　信じる者には環境保護は不要

Public Opinion Polls

●２０１０年３月４日～７日にかけてギャラップ社がアメリカの成人１０１４人を対象に行なった世論調査

あなたにとって環境保護と経済成長のどちらのほうが大切ですか？

環境保護……………………………38％
経済成長……………………………53％
分からない…………………………9％

環境保護のほうが大切だと答えた人の内訳

共和党派の31％
無党派の42％
民主党派の50％

保守派キリスト教徒の多くが環境保護に反対する理由

人間は万物の頂点に立つ支配者

2010年3月に行なわれたギャラップ社の世論調査によると、アメリカ人の48％が地球温暖化は誇張であると信じている、ということです。

同調査では、53％が地球温暖化が起きている、あるいは起きると信じているものの、19％は絶対に起きない、16％は自分が生きている間には起きない、と答えています。

しかも全体の67％の人が「地球温暖化は深刻な脅威ではない」、46％が「地球温暖化の原因は自然現象であり、人為的なものではない」と答えています。

保守派（右派）キリスト教徒の多くは創世記の神の言葉「生めよ、増えよ、地を満たし、地を従わせよ。海の魚、空の鳥、地に動く全ての生き物を支配せよ」を論拠として、環境保護に反対しているのです。

彼らは、神が世界（宇宙）の頂点に人間を置き、人間に「鉱物や植物を含む大地とあらゆる動物を支配せよ」と言ったので、熱帯雨林を切り倒すことなどは「神の言葉に従って人間が大地を支配していること」に他ならず、クリスチャンとして正しい生き方をしているだけだ、と思っています。

本書の聖書の和訳は、10以上ある聖書の英訳版の最大公約数的な訳ですが、福音主義者たちの間でいちばん人気のある「ニュー・インターナショナル・ヴァージョン」（ＮＩＶ　新国際版英訳聖書）と文学者が好んで引用する「キング・ジェイムズ・ヴァージョン」（欽定訳聖書）には「大地をsubdueせよ」と記されています。

subdueには「荒々しいものを鎮圧して征服する」というイメージがあるので、「人間がワイルドな大地を征服して、万物の上に君臨している」という感じです。それゆえ、保守派キリスト教徒の多くは、この記述を文字通り受け止めて、「人間が万物を征服することが神の御心である」と信じているのです。

彼らの物の見方を最も分かりやすく言い表わしているのは、保守派コメンテイター、アン・カルターのこの一言でしょう。

God gave us the earth. We have dominion over the plants, the animals, the trees. God says, "Earth is yours. Take it. Rape it. It's yours."

神が我々人間に地球を与えてくれたのよ。人間は植物、動物、木々を支配してるわけ。神が「地球はあなたがたのものです。自分のものにしなさい。搾取しなさい。あなたがたのものなのですから」って、言ったの。

Rape it.（搾取しなさい）なんてすごすぎますが、これが彼らの本音なのです。

また、キリスト教色の強い私立学校や、ホームスクーラーたちの間で使われている高校生用の歴史の教科書 *America's Providential History* は、「聖書は、私有財産の源は神である、と定義している」と記し、その「証拠」として、聖書の次の引用を挙げています。

伝道の書5章19節——神は全ての人間に富と宝を与え、それを楽しむことができる資質を与え、自分の取り分を享受させ、労働から楽しみを得られるようにした。これは神からの贈り物である。

歴代志上29章12節——富と名誉の源はあなた（神）です。あなたは万物の支配者です。

［これはダビデが観衆の前で神を賛美した言葉です］

創世記にも書いてあるとおり、自然環境を含め、宇宙に存在するあらゆるものの所有権は神にある、ということです。

この教科書には、さらにこう記されています。

非宗教的な人間や社会主義者は資源には限りがあるというメンタリティで、世界をパイとみなし、人々はそれを切り分けて分配しなければならない、と考えている。しかしクリスチャンは、神が備えている力は無限であり、神の地球の資源が不足することはない、ということを知っている。資源は利用されるのを待っているのだ。

人口問題に関しては、こう書かれています。

非宗教的な人々は世界は人口過剰になっていると思っているが、クリスチャンは神があらゆる人々を収容するに足る大きさに地球を造り、豊富な資源も与えていることを知っている。

天地創造説を信じている人はこの教科書のような思考経路に陥ることが多いため、環境保護になど興味を示してくれません。ですから、地球温暖化を食い止めようとしている人々がどれほど科学的な根拠を列挙して説得しようとしても全く無駄なことです。

なぜなら、そもそも、宗教とは科学的な根拠のないことを信じる行為だからです。

環境保護に関して彼らとディベートをしようと試みると、「信仰の薄い者、不信心者はこれだから困る」と憐れまれて、逆にお説教されてしまうのがオチです。

信じる者は救われる

彼らが「環境保護など無意味」と主張する論拠として、必ず挙げてくる聖書の記述をいくつかご紹介しておきましょう。

まずは、キリスト教徒たちの間で最もよく引用されるマタイによる福音書からのこの一節をご覧ください。


求めよ、さらば与えられん。探せよ、さらば見つからん。叩けよ、さらば開かれん。求める者は誰もが（求めているものを）得て、捜す者は誰もが見いだし、門を叩く者全員に門が開かれるのです。あなたがたの中で、自分の子供がパンを求めているのに石を与える人がいるでしょうか？ 魚を求めているのに蛇を与える人がいるでしょうか？ あなたがたは、たとえ悪人であろうとも、自分の子供によい贈り物をするということを分かっているのですから、天にましますあなたがたの父はなおのこと、求める者に良いものを与えるのです。（マタイによる福音書7章7節～11節）

マルコによる福音書6章37節～44節には、イエスが5個のパンと2匹の魚で5000人を満腹にした、と記されています。

ヨハネによる福音書10章1節～11節では、イエスは水をワインに変える奇跡を行なっています。保守派キリスト教徒に大マジメな顔で「だから石油が枯渇したらイエスが水を石油に変えてくれる」と言われてしまうと、もう返す言葉がありません。

科学では奇跡に対抗できないので、聖書に書いてある言葉が真実だと信じている人々とはディベートなどできないのです。

しかし、マタイやマルコ、ヨハネによる福音書を引用する人々は、まだ全然マシなほうです。環境保護の真の敵、終末論者（第二十章参照）に比べたら、彼らはまだかわいいものです。

終末論者は、この世の中が破滅状態になったらイエスが再臨してくれて敬虔な信者たちを神の国に導いてくれる、と信じているため、環境破壊はイエス再臨のお膳立てとして必要なこと、と解釈しています。中には、イエスに早く戻ってきてもらいたいがために環境破壊の促進を歓迎している人もいます。

ですから、彼らの目には環境保護はイエスの再臨を阻止する神への冒瀆行為、と映るのです。

終末論者は、よくこう言っています。

「天然資源は人間が使うようにと神が我々に与えてくれたものです。最後の木が切り倒されたらキリストが再臨してくれますよ」

こう信じている人たちとは、いくら議論しても時間の無駄でしょう。

中道派のクリスチャンの中にも環境保護をいぶかしがっている人が少なくありません。

彼らは、環境保護派の人々が得てして映画『アヴァター』のように自然崇拝をすることを、「まるで汎神論（pantheism）のようで恐ろしい」と感じています。

クリスチャンの多くは、聖書の記述が全て真実だとは思っていなくても、十戒の正当性は認めていて、十戒に「私（神）の他、何者をも神としてはならない」と書いてあるので、自然崇拝は神をないがしろにする行為だと思っています。

環境保護を訴える人の多くがリベラルな思想の持ち主で、環境保護関連のデモなどでは汎神論的な東洋思想が好きなヒッピーっぽい人々が目立つので、中道派のクリスチャンたちが違和感を覚えるのも頷《うなず》けます。

保守派キリスト教徒の政治家たち

アメリカ議会には保守派キリスト教徒の議員、さらに保守派キリスト教徒の有権者に媚びるために保守派キリスト教徒的な態度を取っている議員が常時200人ほど存在します（上院に30人、下院に170人ほどで、ほとんどが共和党議員）。

彼らは化石燃料（石炭、石油、天然ガスなど）業界や自動車業界からのバックアップを受けて、環境保護を推進しようとする政策に反対票を投じ、アドヴァンスメント・オヴ・サウンド・サイエンス・センター（分別のある科学奨励センター）が提示する「科学的データ」を根拠にアメリカ国民に環境保護の必要はないと訴えています。

アドヴァンスメント・オヴ・サウンド・サイエンス・センターは、化石燃料業界が資金を出している組織で、「地球温暖化は脅威ではない」と主張する一部の科学者たちの調査結果や論文を提示しています。

リベラルな思想の持ち主の目には、この組織が化石燃料業界の宣伝塔であることが明らかですが、保守派キリスト教徒たちは、この組織をリベラルな似非《えせ》科学に対抗してくれる正義の団体と受け止めています。

環境保護を訴える民主党政治家たちの不都合な真実

環境保護を訴える民主党の政治家たちの偽善的な行動も、保守派キリスト教徒や中道派が環境保護に敵意を抱く原因となっています。

つい最近まで民主党の顔だったマサチューセッツ州選出の故エドワード（テッド）・ケネディ民主党上院議員は、不都合な真実を抱えたまま亡くなりました。

彼は、80年代後半から環境保護を訴えていましたが、２００１年にマサチューセッツ州のケープコッド沖に風力発電の施設を設置する計画に大反対し、２００９年に亡くなるまでケネディ一族の資産を投じて大々的な反対運動を展開していました。

ケープコッドはケネディ一族の邸宅がある場所として有名で、その沖にあるマーサズ・ヴィンヤード島とナンタケット島は大富豪やハリウッド・スター、セレブたちのサマー・リゾートとして知られています。

これらの大金持ちたちの多くはリベラルな人々で普段はさかんに環境保護を訴えているのですが、ケープコッド沖のタービンに対しては「歴史的景観を損ねる」、「自家用ジェット機、ヨット、その他の船の航行の障害となる」と、大反対しているのです（風力発電のタービンはケープコッド、ナンタケットから見えるとはいっても、１・2センチ程度の大きさに見えるだけです）。

ジョン・F・ケネディ大統領の甥、ロバート・ケネディ・ジュニアも、環境保護に関する著書があり、クリーン・エネルギー奨励者として風力発電の会社に投資しているにもかかわらず、ケープコッド沖の風力発電はなんとしてでも阻止する、という姿勢でいます（ちなみに、ケープコッド沖の風力発電は彼が投資している会社のものではありません）。

そのため、ケネディ一族は今では真の環境保護者たちからも自分勝手でご都合主義な似非《えせ》環境保護派、と批判されています。

環境保護の顔となっているアル・ゴア元副大統領も、環境保護のための講演会をするために自家用ジェット機で飛び回り、エンジンをかけたままのリムジンを会場の裏に待機させていたりするシーンを目撃されているため、「偽善者（hypocrite）」と呼ばれています。

2010年5月には、ゴア夫妻がカリフォルニア州サンタバーバラの海岸線にある900万ドルの豪邸を購入したことは、リベラルな人々の間でもジョークの的《まと》になっていました。

ゴア氏は、環境保護の講演会で「地球温暖化を食い止めないと海岸に面した地域が海に埋没するのは時間の問題」と力説していたからです。

これでは、保守派キリスト教徒たちから「ゴアは地球温暖化で儲けている詐欺師」と言われても同情の余地もありません。

保守派キリスト教徒たちが「最大の偽善者」と軽蔑しているのはオバマ氏です。

オバマ氏は選挙キャンペーン中から自分が環境保護者であることを強調し、キャンペーンの最中も大統領になってからも「自家用ジェット機を使うな」とか、「ガソリンの使用量を減らすよう努力しろ」と呼びかけていました。

しかし、オバマ氏は2009年5月30日の土曜日、奥さんとたった数時間NYでデートをするために軍隊のヘリコプター3機、自家用ジェット3機、大統領専用車、護衛車など十数台、それらを搭載するC－17（輸送航空機）を使って悦に入っていました。

オバマ氏は選挙キャンペーン中には「大型車に乗って食べたいだけ食べて、常に家の中を快適な温度に保ってたんじゃ、他の国の人々に示しがつかないよね」と言っていました。

しかし、２００９年1月、アメリカ東部がひどい寒波に襲われた最中もホワイトハウスは暖房をガンガン効かせていて、右腕デヴィッド・アクセルロッド氏が「ここじゃランを栽培できるくらいだよ」と言うほど電力の無駄遣いをしていました。

同じく民主党で環境保護派だったジミー・カーター大統領は、国民に省エネを呼びかけて「カーディガンを着よう」と言い、自分でも実行していましたが、オバマ氏は国民には我慢を強要し、自分は快適な暮らしをしている、ということです。

アメリカ史上最悪と言われたＢＰ社の原油流出事故のまっただ中、２０１０年4月22日の「地球の日（Earth Day）」には、オバマ氏は大統領専用のエアフォースワン、マリーンワンを乗り継ぎ、わざわざアイオワ州にまで出向いて環境保護の演説を行ない、たった数時間で９０００ガロンのガソリンを消費。大統領予備選が初期に行なわれるアイオワ州は大統領選にとって大切な州ではありますが、「地球の日」にまで２０１２年の選挙キャンペーンをして環境破壊に荷担するとは、本末転倒も甚《はなは》だしい、と言わざるを得ません。

また、オバマ氏は、オバマ政権エネルギー省の高官で１６８億ドルの経済援助金の配布を担当しているキャシー・ゾーイ氏の夫が副社長を務める、耐気候構造窓で知られる、シリアス・マテリアルズ社に税金控除の特権を与えています。

アメリカに１００社以上ある耐気候構造窓を販売する会社の中で、オバマ政権が税金控除特権を与えているのはゾーイ氏の夫の会社だけです。

自称環境保護派の政治家の偽善的な行動を目《ま》の当たりにすると、今の快適な生活を維持するために環境保護をせずに済まそうと、アドヴァンスメント・オヴ・サウンド・サイエンス・センターのデータを科学として受け入れたくなってしまう人が出てきても無理はないでしょう。

ちなみに、BP社の事故で一日5000バレルの原油が流出し、メキシコ湾の海面が原油まみれになっている最中の5月12日に「NBCニュース/ウォールストリート・ジャーナル」が行なった世論調査では、アメリカ人の6割が海底油田掘削に賛成していました。

第四章　アメリカはキリスト教の国

Public Opinion Polls

● 2006年2月、ギャラップ社が1001人の18歳以上の成人を対象に行なった世論調査

聖書が法律の唯一の源となるべきだ……9%
聖書は法律の源の一つであるべきだ……46%
聖書は法律の源となるべきではない……44%
無回答・分からない……1%

合衆国憲法修正第一条の解釈法

修正第一条の最初の部分は、多くの人々が「政教分離を確立した条項」と解釈していますが、保守派キリスト教徒は、「単に国教樹立を禁じているだけ」と解釈していて、アメリカはキリスト教の国だと確信しています。

まず、修正第一条を見てみましょう。

〈合衆国憲法修正第一条〉

Congress shall make no law respecting an establishment of religion, or prohibiting the free exerc se thereof; or abridging the freedom of speech, or of the press; or the right of the people peaceably to assemble, and to petition the government for a redress of grievances.

合衆国議会は宗教の擁護・確立に関わる法律、宗教の自由な活動を禁じる法律、言論・出版の自由を制限する法律、国民が平穏に集会を開く権利、及び苦痛からの救済を政府に請願する権利を制限する法律を作ってはならない。

問題は、「合衆国議会（連邦議会）は宗教のエスタブリッシュメントに関わる法律を作ってはならない」という部分です。

establishemnt of religionというフレーズをリベラルな人々は「宗教を擁護し確立させること」と解釈しています。

しかし、保守派キリスト教徒は、「宗教を国教化すること」と解釈し、修正第一条は単に一つの宗教を国教化することを禁じているだけだと信じています。彼らは、アメリカはそもそもキリスト教徒が作った国だと主張しています。

彼らの視点から見た「アメリカ建国の歴史」をかいつまんで説明しましょう。

*

1492年にアメリカ大陸に到達したコロンブスの渡航の目的は、スペインの貿易ルート確立と非クリスチャンにイエス・キリストの福音を広めるためだった。

アメリカの基礎を築いたのは、1620年に英国国教会による弾圧や迫害を逃れて信教の自由を求めてメイフラワー号で新大陸に渡った清教徒のピルグリム・ファーザーズである。

彼らが求めた「信教の自由」とは、彼らが信じる宗派のキリスト教を信仰する自由のことであり、「宗教に束縛されない自由＝非宗教主義、宗教否定」ではない。

マサチューセッツに入植した彼らは厳格な清教徒で政教一致の政治を行ない、後に移民してきた他の宗派のクリスチャンを弾圧した。

1630年代、マサチューセッツの厳しすぎる清教徒たちと波長が合わなかったトーマス・フッカー牧師が約100人の信者を引き連れてコネチカットに移住し、コネチカットを「政府の力が制限された入植地」にした。

ロードアイランドの父と呼ばれるロジャー・ウィリアムズは、マサチューセッツで清教徒の牧師をしていたが、他宗派のキリスト教徒への弾圧・迫害に反対し、1636年に信者を引き連れてロードアイランドに移住した。

サウスキャロライナ、ノースキャロライナは1663年にチャールズ2世（イングランド国王）が入植者に宗教の自由を約束したことで、イングランドからの入植が盛んになった。

ペンシルヴァニアは、1681年に英国国教会の弾圧を逃れてアメリカに渡ったクエーカー教徒ウィリアム・ペンが築いた。

このように、アメリカの最初の入植地の多くは、自分たちが信じる宗派のキリスト教を信じる自由を求めてキリスト教徒が築いたものであり、他の入植地を築いたヨーロッパ人もキリスト教徒だったので、アメリカ建国の根底にキリスト教の精神が流れていた。

独立宣言にも、「人間はみな生まれながらに平等であり、生命、自由、幸福の追求などの不可譲の権利を創造主から授けられている」という記述があり、創造主（Creator）とは、キリスト教の神のことである。

彼らは、それぞれ自分たちの宗派とは別の宗派のキリスト教が国教になることを恐れていた。

それゆえ、アメリカという国を自分たちが所属している宗派のキリスト教を自由に信仰できる国にするために、国教の樹立を禁じ、政府が宗教に介入することを阻止して、完全な信仰の自由を確約するために修正条項を合衆国憲法に付け加えた。

修正第一条は、アメリカを非宗教の国と定義しているわけではない。

＊

つまり、アメリカは、そもそも様々な宗派のキリスト教徒がそれぞれの宗派のキリスト教を自由に信仰したくて作った国で、アメリカ建国の大前提として初めからキリスト教があったのだから、アメリカは基本的には「キリスト教の国」である、というわけです。

ちなみに、合衆国憲法第七条三項に「合衆国のいかなる官職、あるいは公共信託の職種も、資格として宗教的審査は要求されない」と記されています。

これも、彼らは「キリスト教の一つの宗派が他の宗派の上に立って他宗派を迫害、弾圧することを防ぐための条項に過ぎず、アメリカが非宗教的な国である、という意味ではない」と解釈しています。

「政教分離」の意味するもの

次に、「政教分離（separation of church and state)」というフレーズの元になったトーマス・ジェファーソンの手紙に関して、かいつまんでご紹介しましょう。

1789年に修正第一条が承認されてから12年後の1801年、州公認の宗派であるコネチカット州のバプティストたち（コネチカット州では少数派の宗派）が、当時の大統領トーマス・ジェファーソンに「我々の州では宗教の自由は州議会が与えてくれた特権とみなされているだけで、普遍の権利とはみなされていない」と、苦情の手紙を書きました。

それで、1802年、バプティストたちを安心させるためにジェファーソンが書いた返事の中に、「アメリカ国民は、合衆国議会は宗教の擁護・確立に関わる法律、宗教の自由な活動を禁じる法律を作ってはならない、と宣言することで、教会と国家を隔てる壁を築いたのです」という一言が含まれていました。

リベラルな人たちは、この一言が「政教分離」を意味するものだと解釈しています。

しかし、保守派は「これこそまさに少数派のキリスト教の宗派を守るための一言だから、やっぱりアメリカは建国当時からキリスト教の国で、修正第一条は政府の介入からキリスト教のあらゆる宗派の信仰の自由を守るためのもの」と主張しています。

アメリカはキリスト教の国だ、と主張する人々に「その証拠として、大統領になるときの誓いにも、so help me God（神よ、私に力を貸したまえ）という一言が入っているし、ドル紙幣にもIn God We Trust（我々はキリスト教の神を信じている）と書いてある」と言われると、彼らの意見にも一理あるのでは、と思えてしまいます（無冠詞、大文字で始まるGodはユダヤ教・キリスト教の「神」のことで、キリスト教徒はキリスト教の「神」の意味で使っています）。

さて、読者のみなさんの中には、保守派のような考え方をしているのは教養のない田舎者だけだろう、と思っている方も多いかもしれませんが、そうではないのです。政治家や裁判官の中にも、アメリカが基本的に「キリスト教の国」だと思っている人がたくさんいます。

次章では、修正第一条に関わる判例をご紹介しましょう。

〈アメリカ人の宗教・宗派別比率〉（2008年の調査）

・カトリック	25.1%
・バプティスト	15.8%
・メソディスト	5%
・ルター派	3.8%
・長老派	2.1%
・米国聖公会／英国国教会	0.7%
・キリスト合同教会	0.1%
・ペンテコステ派	3.5%
・モルモン	1.4%
・ボーン・アゲイン（新生派）	0.9%
・エホヴァの証人	0.8%
・安息日再臨派	0.4%
・その他のキリスト教徒	13.8%
・ユダヤ教	1.2%
・仏教	0.5%
・イスラム教	0.6%
・無宗教	15%
・不可知論者／無神論者	1.6%
・その他の宗教	7.7%

＊ カトリックのほとんどはアイルランド系、イタリア系、及びヒスパニック。

＊ プロテスタントはカトリック以外のキリスト教諸派の総称。

＊ ボーン・アゲイン（新生派）のほぼ全員、バプティストのほとんどとメソディスト、ルター派、米国聖公会、ペンテコステ派、安息日再臨派、長老派の一部が福音主義者。

＊ アメリカの成人の34%がボーン・アゲイン、あるいは福音主義者で、このグループは投票率が非常に高いことで有名（アメリカの有権者全体の大統領選の投票率は2000年51.2%、2004年56.7%、2008年57.4%）。

＊ 南部には福音主義者が多く、北東部と五大湖周辺にはカトリックと黒人プロテスタントが多い。ユタ州は7割以上がモルモン教徒。

＊ 福音主義者のテレビ伝道師ジェリー・フォールウェル、ビリー・グラハムはバプティスト。(父)ブッシュ大統領は米国聖公会で、(子)ブッシュ大統領はメソディスト。

第五章　修正第一条の判例

修正第一条は判事によって解釈の仕方が著しく異なり、裁判の判例もまちまちです。

この章では、修正第一条の解釈がいかに微妙かを物語る最高裁の判例を年代順にご紹介しましょう。

修正第一条が「公的な場所から宗教を排除するものではない」と主張する判事たちの意見をじっくりと読んでください。彼らの見解は、アメリカが「キリスト教の国である」と信じているレッド・ステイツ・メンタリティを雄弁に物語り、レッド・ステイターたちの主張の拠《よ》り所となっています。

◎エヴァーソン vs. 教育委員会

［判決日］　1947年2月10日
［争点］　ニュージャージー州が1941年に可決した「公立学校、カトリックの私立学校に通う生徒たちのバス代を教育委員会が払う」という法律は修正第一条に違反するか。
［判決］　違反しない（違反しない 5人、違反する 4人）

公的な資金をカトリックの学校に通う生徒のバス代に使うことは生徒の安全を守るためであり、（州）政府が宗教を奨励するためではない。カトリックの学校に通う生徒にはバス代を支給しない、ということは、州政府が宗教を差別することになる。修正第一条は政府が宗教を信じる人と信じない人に対して中立であることを義務づけるものであり、政府が宗教を信じる者たちの敵になれ、と言っているわけではない。

違憲ではない、という判決を下したブラック、ヴィンソン、リード、ダグラス、マーフィーは、5人ともフランクリン・ルーズヴェルト民主党大統領が任命したリベラルな判事なので、この時点ではリベラルな判事たちも修正第一条が宗教(とりわけキリスト教)を排除する法律だとは考えていなかった、ということです。とはいえ、4人の判事は違憲だという意見なので、すでに40年代から修正第一条の解釈は微妙だった、ということでしょうか。

◎マカラム vs. 教育委員会

［判決日］１９４８年3月8日
［争点］イリノイ州シャンペーン郡のプロテスタント、カトリック、ユダヤ教の人々が作った組織が、公立学校の自由時間に学校の敷地内で参加を希望する生徒にそれぞれが希望する宗教に関する講座を開くことは修正第一条に違反するか。
［判決］違反する（違反する ８人、違反しない １人）
たとえ自由時間でも公立学校の敷地内で宗教の講座を開くことは政教分離に違反する。

唯一「違反しない」という意見のリード判事は、こう述べています。

〈宗教のエスタブリッシュメント〉とは国教樹立のことのみを意味したのではなかろうか。連邦議会で修正第一条が討議されていたとき、マディソン氏（修正第一条の主要起草者）は、このフレーズは連邦議会は一つの宗教を設定して、それを遵守させることを法律により強制すべきではなく、人々が本意に反して神を崇めるように強要すべきではない、という意味だと解釈している、と言っていた。しかしながら、近年はこのフレーズがもっと広い意味で解釈されている。とはいえ、公立学校の校内で自由時間に複数の主要な宗教の講座に参加する機会を提供し、合衆国が宗教と関わりがあることを認知することを最高裁が〈宗教のエスタブリッシュメント〉と解釈するとは、私は今日まで考えてもみなかった。

リード判事はケンタッキー出身で、ルーズヴェルト民主党大統領に任命された判事で、保守派の判事ではありません。

また、違憲という結論を出したジャクソン判事（同じくルーズヴェルト民主党大統領に任命されたリベラルな判事）も、こう述べています。

一部の人々にとって宗教的指示と思えることを公立学校の教育から完全に排除することが可能か、あるいは望ましいのか、ということに関する結論はまだ出たわけではない。数学、物理、化学などの科目は宗教とは無関係に教えることができるであろう。しかしながら、若者たちをいかなる宗教的影響にも接触させてはならないということになれば、芸術作品の制作、及び鑑賞を教えることは現実的とは思えない。聖なる音楽を含まない音楽、大聖堂を含まない建築、宗教的なテーマの絵画を排除した絵画は、非宗教的な人々の視点から見てもエキセントリックで不完全である。

確かに、大聖堂を無視した建築学やダ・ヴィンチの「最後の晩餐」に触れない美術の授業、ヘンデルの「メサイヤ」のハレルヤ・コーラスを歌うことも鑑賞することも許されない音楽の授業など、あり得ないでしょう。

宗教をどこまで公立学校に持ち込めるか、という線引きは非常に難しい課題であることは間違いありません。

ちなみに、この判決の後、保守派の人々は、リード判事を称え、多数派の〈リベラルな〉判事たちがアメリカの伝統や歴史を無視して修正第一条の意味をねじ曲げている、と怒っていました。

◎レモン vs. カーツマン

［判決日］1971年6月28日

［争点］「非宗教的な私立学校、また宗教団体が運営している私立学校で宗教とは無関係の科目を教えている教師の給料を州政府が負担してもよい。宗教団体が運営している私立学校の宗教とは無関係の科目の教科書購入費を州が負担してもよい」という1968年に制定されたペンシルヴァニア州の法律は修正第一条違反か？

［判決］違反する（違反する 8人、違反しない 1人）

私立学校に通う子供たちの95％がカトリックの学校に通っていて、この法律の恩恵を受ける教師の多くはカトリックの教義を広めるための学校の教師なので、この法律は（州）政府と宗教の過度な関わりを招くため、修正第一条違反である。

この裁判で使われた「違反かどうかを決める基準」はレモン・テストと呼ばれるようになりました。

〈レモン・テスト〉
(1) 政府の行為は非宗教的な目的を持っていなくてはならない。
(2) 政府の行為の主要な影響が宗教を促進させる、あるいは抑制するものであってはならない。
(3) 政府の行為は宗教と過度に関わり合ってはならない。
これら3つの基準の一つ（またはそれ以上）にそぐわない場合は、修正第一条違反とみなす。

レモン・テストはこれ以降、修正第一条関連の裁判でよく使われるようになりましたが、レモン・テストも判事によって解釈がまちまちなので、修正第一条を裁く試金石にはなっていません。

◎公教育委員会 vs. ノークイスト

［判決日］1973年6月25日
［争点］低所得者層の生徒が多い私立学校の施設維持費、低所得者の親への学費償還として援助金を支給し、学費を払える低所得者には学費に対して税控除を与える、というニューヨーク州の法律は修正第一条違反か？
［判決］違反する（違反する 5人、違反しない 4人）

援助金も税控除も目的は非宗教的なのでレモン・テストの(1)は通過するが、援助金が使われる学校の建物は宗教を教えることを目的としているので、レモン・テストの(2)に違反する。学費償還、学費に対する税控除も、学費は宗教を学ぶために使われるので(3)に違反する。

この判決に反対したバーガー最高裁判事は、こう述べています。

エヴァーソン vs. 教育委員会では、政府が宗教的な私立学校に資金援助をすることは修正第一条に違反しないという判決が下された。ニューヨークの法律も、教育促進のため、という観点から、先例に従って合憲とすべきである。

バーガー最高裁判事は、ニクソン共和党大統領が任命した保守派の判事です。エヴァーソン vs. 教育委員会の裁判では、援助金の恩恵を受けるのは生徒たちである、とみなされたのに対し、この判決では、援助金の恩恵を受けるのが学校側であると判断されたところがミソです。

この判決も、違憲5人、合憲4人なので、判事の一人が意見を翻《ひるがえ》していたら逆の判決になっていたわけなので、修正第一条はほんとうに微妙です。

◎リンチ vs. ドネリー

［判決日］1984年3月5日

［争点］ロードアイランド州ポータケット市にあるショッピングセンターで、クリスマスの時期にクリスマスツリー、サンタクロースの家と共にクレッシュ（キリスト誕生のシーンを再現した飾り）を飾ることは修正第一条違反か？

［判決］違反しない（違反しない5人、違反する4人）

クリスマスは古くから西洋文明の一部だったので、クリスマスツリーやサンタクロースの家と共にクレッシュを飾ることは伝統の一部としての非宗教的な行為とみなされるので違反ではない。

・政教分離の「壁」という表現は便利なメタファーではあるが、二者の実際の関係を正確に表わした表現ではない。合衆国憲法は教会（宗教）と政治を完璧に隔てることを要求しているわけではなく、あらゆる宗教を受け入れることを義務づけ、いかなる宗教に対しても敵意を示すことを禁じている。

・当最高裁の修正第一条の解釈は、憲法草案者たちの意図と同じである。最初の連邦議会のメンバーであった憲法草案者たちも、最初の連邦議会も、連邦議会開催中に毎日牧師が祈りを捧げることを問題視しなかったという史実が、憲法草案者たちが宗教を受け入れていたことの証拠である。

違憲ではない、という判決を下したバーガー最高裁長官はこう述べています。

憲法草案者たちの意図を示す一例として、1789年の最初の連邦議会の初めの一週間に起きた出来事が挙げられる。連邦議会が修正第一条を承認したその週に、給与を払って牧師を連邦議会に招くことを決定した。最初の連邦議会のメンバーであった17人の憲法草案者たちも1789年の連邦議会も、議会付きの牧師を雇い、議会開催中に毎日祈りを捧げてもらうことが（この行為は200年以上たった今も続いている）修正第一条に反する問題だとはみなさなかった。宗教を受け入れる、という憲法草案者たちの意図をこれ以上明らかに示している例を示すことは困難である。

バーガー最高裁長官は、さらにこう述べています。

クリスマスと感謝祭は宗教的な国民の祝祭日であると、大統領、及び連邦議会が発した様々な布告により定められている。連邦議会が定めた法律によって、連邦政府の公務員は国民の祝祭日に、牧師、上下両院議員、

軍人の給料の出所と同じ財源から給料を支払われて休みをとっている。ゆえに、政府は長年にわたり宗教的な意味のある休日を認知し、助成金を払ってきた、と断言できる。

歴史、伝統を大切にする保守派ならではの意見で、こう言われると、「なるほど」と思えてしまいます。ただし、この判決も、5対4なので、一人が意見を翻《ひるがえ》していたら、逆の結果になっていたわけです。

◎ウォレス vs. ジャフリー

［判決日］１９８５年６月４日

［争点］「公立学校の教師は毎朝生徒に瞑想する、あるいは自主的な祈りを捧げる時間を１分間与える」というアラバマ州法は修正第一条違反か？

［判決］違反する（違反する６人、違反しない３人）

たとえ「自主的」なものでも、公立学校の授業時間に祈りを持ち込むことは政府による宗教の助成につながるので、違憲である。

リベラルな思想の人には、裁判に持ち込まなくても「祈り」という一言が入っている限り、アラバマの州法が違憲であることは明らかです。

しかし、最高裁判事３人が合憲を主張して、この判決を厳しい言葉で非難しているのです。

まず、すでにおなじみになったバーガー最高裁長官の言葉をご紹介しましょう。

この判決に疑問を抱く人々は、最高裁がこの裁判を始める前に神の加護を求める祈りが捧げられたことを皮肉、いや不可思議だと思うだろう。公園を隔てて数百ヤード向こうにある連邦議会でも、上下両院の会期開始前にも祈りが捧げられている。これらの議会で捧げられる祈りはたかだか1分で終わるものではなく、神の導きを求める長い祈りであり、合衆国財務省から給与を支払われている国家公認の牧師が１７８０年以来ずっと捧げてきたものだ。議会内には公の資金でまかなわれている礼拝所もあり、そこで議員やスタッフたちが祈りを捧げ、瞑想し、黙祷を捧げることが許されている。

バーガー最高裁長官は、この後に、「それは司法と議会は神の導きを必要とするが、子供たちには神の導きは不要だから、という剽軽者《ひょうきんもの》もいるかもしれない」と皮肉を言い、さらに「アラバマの法律を国教樹立に近づくものとみなすなど、馬鹿げていると言えよう」と呆《あき》れかえり、「この判決は宗教への敵意を示すものである」と怒りを露《あら》わにしています。

後に最高裁長官となるレンクイスト判事も、この判決を厳しく非難。

修正第一条関連の裁判が起きるたびにリベラルな判事が判決の拠《よ》り所としてトーマス・ジェファーソンの一言「教会と政府の壁（a wall of separation between church and state）」を引用することを厳しく糾弾しています。

レンクイスト判事は、まずこの一言を含む手紙が修正第一条成立から12年も後に書かれたものなので、修正第一条成立当時の憲法草案者たちの真意を伝えるものではないことを指摘。

さらに、ジェファーソンは修正第一条が連邦議会で検討されていた時期にはパリに滞在していたので、修正第一条の真の意図を理解するためには修正第一条草案に深く関わったジェイムズ・マディソンとその他の建国の父たちとのやりとりに注目すべきである、と力説して、次のような史実を列挙しています。

- マディソンの原案は国教樹立を禁じるもので、他の建国の父たちとのやりとりを記した議事録を読めば、マディソンたちが単に国教樹立を禁じるために修正第一条を作ったことが明らかである。
- 連邦議会は修正第一条の文章を討議している最中に１７８７年に布告された北西部条例（アメリカ北西部の入植に関する条例）を再び制定することを可決。この条例には「宗教、道徳、知識は健全な政府と人類の幸福にとって不可欠である」と記されている。
- 修正第一条が批准されたその日に、この条項可決に賛成票を投じたブンディノー議員がジョージ・ワシントン大統領に「感謝の日」を布告するように要請しようと提案し、「我々に多くの恵みを与えてくださった全能の神に一丸となって心を込めた感謝の気持ちを返す機会を合衆国の国民全員に与えずにこの会期を終了することなど考えられない」と発言した。

以上のような史実ゆえに、レンクイスト判事は建国の父たちが政府に宗教を否定させるために修正第一条を作ったなどとは考えられない、と主張しています。

そして、１８１１年から１８４５年まで最高裁判事を務め、ハーヴァード大学法学部の元教授だったジョセフ・ストーリー判事の以下の言葉を引用しています。

修正第一条の真の目標は、キリスト教を弱体化させることによってイスラム教、ユダヤ教、不信心を容認、ましてや促進させることではなく、キリスト教の宗派間の対立関係を排除し、国教樹立を阻《はば》むことだった。

そして、レンクイスト判事は、リベラルな判事たちが建国の父たちの真の意図から離れて修正第一条を激しく誤解していることを嘆いています。

修正第一条の解釈がいかに曖昧かを最も雄弁に物語っているのは、2005年3月2日に最高裁で討議され、6月27日に判決が出された「公の場所に十戒の石板を設置すること」に関する二つのケースです。

ケンタッキーのケースは5対4で「違憲」という判決が下され、テキサスのケースは同じく5対4で「合憲」という判決が下されました。

まず、ケンタッキーのケースをご紹介しましょう。

◎ケンタッキー州マクリーリー郡 vs. ACLU

［判決日］2005年6月27日

［争点］マクリーリー郡の裁判所に郡政府が資金を出して作られた十戒の石板の複製がマグナ・カルタの複製、独立宣言の複製などと共に「西洋の法律の基礎」を作ったものの一つとして飾られているのは修正第一条違反か？

［判決］違反する（違反する5人、違反しない4人）

（郡）政府による宗教の助成なので違憲である。

◎ヴァン・オーデン vs. テキサス州知事リック・ペリー

［判決日］2005年6月27日

［争点］1961年に民間団体から寄付された高さ6フィート、幅3フィートの十戒の石板をテキサス州最

高裁を囲む22エーカーの州所有の敷地内に設置することは修正第一条違反か？
［判決］違反しない（違反しない 5人、違反する 4人）
石板は民間からの寄付であり、22エーカーの敷地内を歩く人たちは石板を見ることを強いられないので違憲ではない［本題とは全く無関係ですが、この石板を寄付した民間団体は俳優のチャールトン・ヘストンがモーゼを演じた映画『十戒』の監督セシル・B・デミル氏からのサポートを受けていました］。

ケンタッキーのケースは、リベラルな4人の判事、スーター、スティーヴンス、ギンズバーグ、ブライアーと中道派のオコナー判事が違憲判決を下し、保守派の3人の判事、レンクイスト、スカリア、トーマスと、中道派のケネディ判事が合憲という意見でした。

テキサスのケースでは、リベラルなブライアー判事が合憲派に鞍替えしました。

ブライアー判事がテキサスの十戒の石板を合憲とした理由の要点をご紹介しましょう。

- 石板が公の場所に飾られていた40年以上の間、ヴァン・オーデン氏以外からは一度も文句が出たことがない。
- 石板を寄付した民間団体の意図は、十戒を道徳的な道しるべとして欲しいということであり、布教活動を目的としてはいない。
- 民間団体からの寄付であることが石板に明示されている。
- 石板が置かれている場所の環境は宗教活動を誘発しない。

ちなみに、ケンタッキーのケースでは、スカリア判事が非常に長い反対意見を述べているので、その一部をご紹介しましょう。

スカリア判事は、まず、

・ジョージ・ワシントンは大統領の誓いにso help me Godという一言を付け加えた。

・ジョン・マーシャルが最高裁長官だった時代（1801年から1835年まで）は、最高裁のセッションが始まる前にGod save the United States and this Honorable Court（神よ、合衆国とこの最高裁に力を貸し与えたまへ）という祈りが捧げられた。

という史実を挙げ、さらに前出のレンクイスト判事の言葉も引用して、「宗教はアメリカの伝統の一部であり、アメリカは歴史的にも文化的にも宗教と深い関わりを持った国である」と言っています。

そして、「2002年にアメリカでいちばんリベラルな第9連邦巡回控訴裁判所が、学校で毎朝子供たちが唱える忠誠の誓い（68ページ参照）の中のunder Godという一言が違憲だという判決を下した後、上院は満場一致、下院は反対票わずか5票でこの判決を批判する意見書を通過させ、議員全員でunder Godという一言が入っているこの忠誠の誓いを唱えたので、現代のアメリカでも政府と宗教が完全に切り離されているわけではない」と主張しています。

また、十戒はキリスト教、ユダヤ教ばかりではなく、イスラム教にも出てくる教えで、最新の国勢調査によるとアメリカの住人の97・7％がこれらの一神教の信者なので、十戒の提示によって政府が一つの宗教を助成しているなどとは考えられない、とも述べています。

そして、スカリア判事は、アメリカが多数決（多数の人の福利を重んじる）で物事を決める民主主義であることを指摘して、97・7％の絶対多数が信じている教えを信じる権利を踏みにじるのは民主主義の精神に反するし、修正第一条の宗教の自由に違反する、と言っています。

さらに、様々な連邦政府の建物、州政府の建物、そして最高裁の建物にもモーゼが十戒の石版を持っているレリーフなどが飾られている事実を指摘して、十戒は法律の基礎であり、合衆国政府の機関で宗教が果たした、そして今も果たし続けている役割の象徴である、と言っています。

テキサスのケースでブライアー判事が「十戒は道徳の道しるべ」（つまり、宗教色はない）という理由で十戒の石板を合憲としたのに対し、ケンタッキーのケースでスカリア判事は「宗教はアメリカの伝統、そして今の暮らしの一部だから、十戒の表示は合憲であって当然」と言っているわけです。

この二つの意見からも、修正第一条の解釈が判事によって全く違うことが明らかです。

アメリカ最高峰のインテリと思われる最高裁判事たちの中にも、アメリカが「キリスト教の国」だと信じている人たちがいる、ということを肝に銘じておくと、レッド・ステイターたちの言い分もよりよく理解できるようになるでしょう。

第六章　忠誠の誓い

〈忠誠の誓い〉

I pledge allegiance to the flag of the United States of America and to the Republic for which it stards, one Nation under God, indivisible, with liberty and justice for all.

私はアメリカ合衆国の国旗と、その国旗が象徴する共和国、神のもとに統一され、全ての人々に自由と正義が約束された不可分の国に忠誠を誓います。

Public Opinion Polls

●２００８年11月22日～23日にかけて、ラスムッセン社がアメリカ人の有権者１０００人を対象に行なった世論調査

あなたは子供たちが学校で毎朝、忠誠の誓いを唱えるべきだと思いますか？

唱えるべきだ……………………77％
唱えるべきではない……………13％
分からない………………………10％

唱えるべきだと回答した人の内訳
黒人の82%
白人の77%
共和党派の人の84%
民主党派の人の67%
無党派の人の75%

忠誠の誓いに含まれる「under God（神のもとに）」というフレーズに関して
そのまま残して唱えるべきだと答えた人……82%
このフレーズは削除すべきだと答えた人……14%
分からないと答えた人……4%

そのまま残して唱えるべきだと答えた人の内訳
黒人の92%
白人の82%
共和党派の人の93%
民主党派の人の74%
無党派の人の80%

「under God」というフレーズを取り除こうという動きなどに関し、最近のアメリカは「政治的正しさ（PC）」にこだわりすぎていると思いますか？

こだわりすぎていると思う……………………………72％
こだわりすぎているとは思わない　……………………19％
分からない　………………………………………………9％

「政治的正しさ」にこだわりすぎていると思うと答えた人の内訳

保守派の81％
中道派の73％
リベラル派の56％
白人の76％
黒人の59％

忠誠の誓いを唱えたくない生徒には、唱えなくてもいいというオプション（選択肢）を与えるべきだと思いますか？

オプションを与えるべきだ……………………………44％
オプションを与えるべきではない　……………………47％
分からない　………………………………………………9％

●２００４年８月８日～19日にかけてギャラップ社が13歳～17歳の４３９人のティーンエイジャーを対象に行なった世論調査

あなたは学校でどのくらいの頻度で「忠誠の誓い」を唱えていますか?

毎日唱えている……………………………………50%
週に一度は唱えている ……………………………９%
ほとんど唱えない…………………………………18%
唱えたことがない…………………………………23%

学校で「忠誠の誓い」が唱えられているとき、唱えることを強要されていると感じますか、それとも唱えたくなければ唱えなくてもいい自由があると感じますか?

強要されていると感じる…………………………40%
唱えない自由があると感じる ……………………59%
分からない …………………………………………１%

「under God」というフレーズを「忠誠の誓い」に残しておくべきだと思いますか、それとも削除すべきだと思いますか?

残しておくべきだ ………………………………92%
削除すべきだ ……………………………………８%

「忠誠の誓い」の歴史

アメリカの公立学校の多くで、毎朝生徒たちが星条旗に向かって胸（心臓部）に右手を当てて「忠誠の誓い」を唱えています。

「忠誠の誓い」は、連邦議会開催時にも唱えられ、地方レベルでも議会開催時にこの誓いを唱えることが少なくありません。

「忠誠の誓い」とは、愛国心を養うために役立つとして、多くの人々から好意的に受け止められています。でも、何事においてもＰＣ（politically correct 政治的に正しい）であることが求められるここ十数年のアメリカでは、「under God（神のもとに）」という一言が政教分離の精神に反すると思う人と、そうは思わない人との間の論争が続いています。

この章では「under God」をめぐる法的争いに関して説明させていただくつもりですが、本題に入る前に、大多数のアメリカ人が「社会主義」を嫌う理由をおさらいしておきましょう。

アメリカ人の多くが社会主義を嫌う最大の理由は、大きな政府が様々な側面を取り締まる社会主義社会には個人の自由が存在しないからです。

アメリカ人は、そもそも宗教や政治的な迫害を逃れて、新天地の自由を求めてやってきた人々とその子孫が圧倒的に多い国ですから、「個人の自由」に対するこだわりがあります。

保守派キリスト教徒が経済面で社会主義を嫌う理由は、個人個人の労働倫理にかかわらず非生産的な人にも富を分配するという結果均等の社会は勤労の美徳を説くキリスト教に逆らうものだからです（詳しくは経済に関する第九章を参照）。

聖書に記されている個人の財産所有権が、富の再分配を説く社会主義には存在しない、ということも忘れてはなりません。

また、ブルジョワと労働者階級の対立、という階級闘争を説くマルクス主義は、神の前では人はみな平等とするキリスト教の根本的な精神に反します。

キリスト教徒の多くが社会主義を嫌う最大の理由は、マルクスの唯物論は神の存在そのものを否定するものだからです。

ロシア革命の最中、そして1922年のソ連建国以降の10年ほどで何万人ものロシア正教聖職者が殺されました。

ソ連は共産主義ですが、共産主義は社会主義の延長線上にあるので、多くのキリスト教徒は「社会主義」という言葉を聞いたとたんに反射的に宗教弾圧を思い浮かべてしまうのです。

アメリカ人の多くが「社会主義」「共産主義」を生理的に受け付けない、という事実が分かったところで、本題に入りましょう。

この章の冒頭でご紹介した通り、アメリカの多くの公立学校では毎朝、そして、連邦議会と多くの地方議会の開催時に「忠誠の誓い」が唱えられています。

PCが尊重される今のアメリカでは「神のもとに」という一言が政教分離に反するので「忠誠の誓い」を唱えたくない、という人が少なからず存在していて、彼らは「忠誠の誓いはキリスト教の押し売りだ」と言っています。

しかし、実はこの一言はオリジナルの「忠誠の誓い」には入っていなかったのです。

「忠誠の誓い」の元となったものは1892年、バプティストの牧師、フランシス・ベラミーが書いた星

条旗への誓いで、

I pledge allegiance to my Flag and to the Republic for which it stands: one Nation, indivisible, with Liberty and Justice for all.

私は私の旗と、それが象徴する共和国、一つに統一され、全ての人々に自由と正義が約束された不可分の国に忠誠を誓います。

という文章でした。

1923年、my Flag（私の旗）だと移民が自分の母国の旗と混同するといけない、という配慮から、この部分がthe flag of the United States（合衆国の国旗）に書き換えられ、さらに直後にof Americaが追加されました。

1898年2月15日、当時スペイン領だったキューバの沖でアメリカの戦艦メインが爆破されます。アメリカの新聞が「これはスペインの破壊工作である」と書いたことで、アメリカ人の愛国心が高まり、同年の4月22日、ニューヨーク州が公立学校の生徒に星条旗に向かって「忠誠の誓い」を唱えることを義務づけました。

当時、生徒たちは星条旗に向かって、まるで高校野球の選手宣誓のように手の平を下にして右手を挙げて「忠誠の誓い」を唱えていました。

1917年、第一次大戦が始まって愛国心がさらに高まり、メイジャーリーグ試合の前に国歌を歌う習慣が生まれ、ニューヨーク州のように公立学校の生徒に星条旗に向かって「忠誠の誓い」を唱えることを義務づける州が激増しました。

1935年、エホヴァの証人のリーダーが「俗世のものに忠誠を誓うのは神に対して不信心な行為だ」と発言。

1938年、ペンシルヴァニア州（州民の9割がカトリック教徒）の学校で、「忠誠の誓い」を拒否したエホヴァの証人の子供が他の子供たちからいじめられ、親が「忠誠の誓いの押しつけは、修正第一条で保証されている信教の自由をおかす行為だ」と裁判を起こしました。

一審では親の言い分が認められましたが、学校側が上訴して、1940年、最高裁が8対1で、「忠誠の誓いを生徒に唱えさせるのは、国家に対する忠誠心を養い、国民を統一するためなので、違憲行為ではない」という判決を下しました。

この直後、ウェストヴァージニア州で似たような訴訟が起こされ、1943年には最高裁が6対3で、「忠誠の誓いの義務化は、忠誠の誓いを唱えることに反対する、という表現の自由の侵略なので、修正第一条に違反する」という判決を下し、「忠誠の誓い」は唱えたくない人は唱えなくてもいい、ということになりました。

6年後、1949年に共産党が支配する中華人民共和国が成立し、ソ連が原爆実験に成功して、共産主義の脅威が一気に高まったため、1950年代には社会主義や共産主義に対するアメリカ人の嫌悪感が絶頂に達しました。

こうした状況の中、アメリカの「忠誠の誓い」の言葉と、神を認めない共産圏の人々が共産党のリーダーや国家に誓う誓いの言葉とをはっきり分けるために、under Godという一言を付加しよう、という動きが高まり、1954年、アイゼンハワー政権下、この一言が「忠誠の誓い」に加えられ、現在の文章となりました。

1977年、マサチューセッツ州議会が公立学校で「忠誠の誓い」を唱えることを教師が生徒に促すことを義務づける法案を通したとき、当時の州知事マイケル・デュカキス氏が拒否権を発動しました。

1988年の大統領選で、共和党候補の（親）ブッシュ氏が、民主党候補のデュカキス氏のこの拒否権発動を批判し、愛国心の重要性が大きな争点となりました。

それが引き金となって下院では1988年以来、議会開催時に議員たちが「忠誠の誓い」を唱えるようになり、1999年からは上院でも議会開催時に議員たちが「忠誠の誓い」を唱えるようになりました。

「under God」をめぐる裁判

2001年、カリフォルニア州在住の無神論者マイケル・ニューダウ氏が、彼の子供が通っている公立学校で「under God」というフレーズが入った「忠誠の誓い」を唱えることを習慣化しているのは政教分離に違反するとして、裁判を起こし、2002年6月26日に連邦控訴裁判所第九巡回区が2対1で、この訴えを認めました。

この判決は、2001年に起きた9・11のテロ以降、愛国心が高まっていたアメリカで怒濤のような批判を浴び、次の日には当時の大統領ブッシュ氏がこの判決を「ばかげている」と批判し、リベラルな民主党のダッシュル下院少数党院内総務も「正気じゃない」と酷評。下院議員たちは国会議事堂の前で全員で「忠誠の誓い」を唱え、上院も防衛法案の議事をわざわざ中断して全員一致でこの判決を非難しました。

この裁判は最高裁にまで持ち込まれましたが、ニューダウ氏が離婚していて子供の親権が母親（元の妻）にあるため、最高裁は2004年に「ニューダウ氏は、公立学校に行っている子供の保護者ではないので、子供の代弁者として学校を訴える権利はない」と、訴訟そのものを却下しました。

そのため、ニューダウ氏は、リベラルな他の親たちを誘って、新たな訴訟を起こし、その直後に「合衆国のコインや紙幣に刻まれている［印刷されている］「In God We Trust（我々は神を信じる）」という一言は無神論者に多大なる損害を与えるので、政教分離に違反する」という訴訟も起こしました。

２０１０年3月11日、連邦控訴裁判所第九巡回区は2対1で「under Godを含む忠誠の誓いは、修正第一条を付け加えた建国の父たちの信条を反映したものなので、違憲ではない」という判決を下しました。

判決には、

・忠誠の誓いは、我々の共和国建国の基礎になった理念を誇りをもって再現することで国家を統一するという役割を果たしている。
・建国の父たちは権力は政府ではなく人民にあり、人民にとっていちばん重要な権利は政府からではなく、神から授かったものだと信じていた。

と書かれていたため、保守派キリスト教徒たちが狂喜乱舞していました。

同法廷はIn God We Trustに関しては、3人の判事が全員一致で「ニューダウ氏が合衆国のこのモットーのせいで被害を受けたという証拠はないので、同氏には訴訟を起こす権利がない」という判決を下しました。

２０１０年10月14日には、テキサス州の親が起こした似たような訴訟で連邦控訴裁判所第五巡回区が「学校は忠誠の誓いを強要してはいない。忠誠の誓いは愛国心の表現であり、under Godというフレーズを含む文章はテキサスの信心深い伝統を認知したもので、宗教を広めようとしているわけではないので、修正第一条に違反しない」という判決を下しました。

修正第一条の解釈は、判事によってまちまちですし、「宗教の護持（擁護と確立）に関わる法律は作ってはいけない」という部分を重視するか、あるいは「言論、または出版の自由を制約する法律を作ってはならない」という部分を重視するかで、正反対の判決が出たりするので、本当に微妙です。

現在、40州以上の公立学校で「忠誠の誓い」が唱えられています。

唱えたくない生徒は唱えなくてもいい、ということになってはいても、周囲の圧力に打ち勝てる子供は少ないでしょうから、最高裁が決定的な判決を下すまではリベラルな人々が今後も「under God」を削除するための訴訟を起こし続けることは確実視されています。

第七章　中絶は神の道に背く罪

Public Opinion Polls

●2010年5月3日～6日にかけてギャラップ社が行なった世論調査

中絶反対	47%
中絶賛成	45%
無回答	8%

中絶はキリスト教の教えに背く罪

アメリカでは、中絶の権利に賛成する人々は自分たちのことをpro-choice（プロ・チョイス　選択権賛成派）と呼び、反対する人々は自分たちのことをpro-life（プロ・ライフ　生命賛成派）と呼んでいます。

カトリックの信者はヴァチカンの方針に従って中絶にも死刑にも反対なので、「プロ・ライフ」という呼称がふさわしい、と言えます。

しかし、福音主義者たちは中絶には大反対でも死刑には賛成なので、リベラルな人々から「プロ・ライフと言うのはおかしい」と批判されています。

一方、中絶反対派の保守派のカトリックと福音主義者たちは、中絶賛成派を「中絶に反対し、子供を産むことを〈選んだ〉人たちを小馬鹿にしているくせにプロ・チョイスと言うのは偽善的」と、非難しています。

日本では中絶は女性にとって当然の権利であり、中絶が悪だと思う人は圧倒的に少ないと聞きますので、中絶クリニックが爆破されたりするアメリカの現状は理解しにくいかも知れません。

アメリカでは、福音主義者とカトリック教徒の多くが、中絶は神の道に背く罪だと信じています。彼らの信条の拠《よ》り所となっている聖書の記述をいくつかご紹介しましょう。

まず、十戒に明記されているThou shalt not kill.（汝《なんじ》、殺すなかれ）。これは、キリスト教徒でなくても知っているでしょう。

次に、胎児が「人間」とみなされていることを証明する記述をいくつかご紹介しましょう。

〈ヨブ記10章8節～12節〉（ヨブが、自分が神に創造された過程を述べる記述）
あなた（神）の手が私の形を作り、私を作り上げました。それが今では、私を滅ぼそうとするのですか？あなたが土で私を作ったことを思い出してください。あなたは私をちりに戻そうとするのですか？　あなたは私のことを乳のように注ぎ、チーズのように固まらせ、肉と皮を私に着せ、骨と筋で私を編み上げ、命と慈愛を私に授け、私の面倒を見て、私の霊を守ってくれた。

保守派キリスト教徒たちは、この文章こそ神がどのように胎児を創造するかを克明に言い表わした記述であり、胎児もすでに人間の精霊をもった一個の存在であることを証明するものだと信じています。

〈詩篇１３９章13節〜16節〉（ダビデの歌の一部）
あなた（神）は私の内臓を作り
私の母の胎内で私を織り上げてくれました。
私はあなたを称賛します。
私はあなたに畏《い》怖《ふ》の念を抱き、あなたは私をすばらしく作り上げてくれました。
あなたの仕業は巧みで
あなたは私のことを非常によくご存知です。
私が隠れた場所で作られ、
暗いところで織り綴られたとき、
あなたは私の骨組みを見て知っていました。
あなたの目はできあがる前の私の体を見ました。
私がまだ一日も過ごしていない時から
私の人生の全てがあなたの書に記されました。

この記述は、

・胎児は神の創造物
・人間の一生は胎児が作られた時点からすでに神の書に記されている

ということを証明するものだと、保守派キリスト教徒は解釈しています。

後半部分は、「ザ・メッセージ」という英訳では、

Like an open book, you watched me grow from conception to birth;
all the stages of my life were spread out before you,
The days of my life all prepared
before I'd even lived one day.
開かれた本のごとく、あなたは受胎から誕生までの私の成長を見守り、
あなたは私の人生の全ての局面を知っておられ、
私がまだ生まれて一日も過ごしていないときから、
私の人生は全ての日々が準備されていました。

となっています。この英訳だと、受胎した時点からすでに神が受精卵を見守ってくれている、ということがハッキリ分かります。

そして、この一節は、胎児はすでに受精卵の時点から神の子であり、神が胎児の一生の運命を定めてくれているのだから、母親が勝手に処分してはいけない、という主張を裏付けています。

保守派のキリスト教徒の中にも、レイプの犠牲者や母親の生死に関わる場合などは例外として中絶を認めるべきである、という立場の人が少なからず存在しますが、ダウン症などの心身に障害を持つ胎児の中絶に関しては中絶反対派のほぼ全員が絶対認めない、というスタンスを取っています。

このスタンスの根拠となっている聖書の記述を見てみましょう。

イザヤ書45章9節〜10節に出てくる神の言葉です。

創造主と言い争う者に災いあれ
陶器が陶器職人と言い争うだろうか?
粘土が焼き物師と口論し
「あなたは何を作るのか?」と言うだろうか、
あるいは「取っ手はどこにあるのか?」と言うだろうか?
父に向かって
「なぜ子をもうけるのか」と言い、
女(母)に向かって
「なぜ私をこんなふうに産んだのか?」という子供に災いあれ。

保守派キリスト教徒は、いかなる障害児も神の子であることに変わりはないので、超音波検査などで障害を持っていることが判明した胎児を中絶することも神の道に反する大罪だと考えています。

リベラルな人々は、胎児には人権はないと考えていますが、保守派キリスト教徒は胎児はもちろんのこと、受精卵にも人権があると信じています。

彼らは、詩篇127章(ソロモンが詠んだ都詣での歌)に出てくる「子供たちは主からのご褒美《ほうび》である」という一節にあるように、子供たちは受精卵の時点から神が授けてくれた贈り物だと信じているのです。

中絶は殺人

中絶が殺人だとすると、当然のことながら中絶を行なう人たちは殺人者とみなされるので、保守派キリスト教徒たちにとっては中絶クリニックも中絶を行なう女性も殺人犯であり、中絶権を支持する政治家は殺人の共犯者、ということになります。

そして、福音主義者は、殺人を犯した人に対する罰則は死刑だと信じています。彼らの信条の拠《よ》り所となっているのは、みなさんもよくご存じの「目には目を」という同害報復を規定した旧約聖書の記述です。

まず申命記19章21節を見てみましょう。

命には命、目には目、歯には歯、手には手、足には足をもって償わせねばならない。

一見、すごく残酷な罰則のようですが、実際には、「片目をつぶされたのにその報復として両目をつぶしてはいけない。足を折られただけなのにその報復として殺してはいけない」という意味で、過剰報復が横行していた旧約聖書の時代には「慈悲深い刑罰」とみなされていました。

福音主義者たちのこうした思想を理解できると、彼らがなぜ躍起になって中絶に反対しているかがようやく分かりかけてくるのではないかと思います。

中絶反対運動

アメリカでは、1973年のロウvs.ウェイド裁判で最高裁が妊娠6か月目までの間に行なわれる中絶を合法化して以来、大統領選のたびに中絶の権利が大きな争点になっています。

特に大統領選では、民主党の政治家は必ず「共和党候補が大統領になってしまったら、最高裁に中絶反対派の判事を任命して、中絶権を奪おうとするだろう」と言って、リベラルな人々の恐怖心をかき立てます。

逆に、共和党の政治家は、中絶反対を主張して、中絶権を主張する民主党への敵意を煽り、支持基盤である保守派キリスト教徒たちを投票所へと駆り立てます。

選挙がない年も、もちろん中絶反対派は活動を続けています。

南部や中西部の福音主義者が強い州では、中絶クリニックの前で中絶反対派の人々が座り込んで祈りを捧げたり、人の鎖を作って女性がクリニックに入ることを妨害したり、クリニックの前で中絶されて手足や首をもぎ取られた胎児の写真を配るなどのデモを行なうことも少なくありません。

中には、手錠や鎖を使って自分たちの身体をクリニック付近の木々や電柱に縛り付けて、わざわざ警察沙汰になるような挑発的なデモをする人々もいます。

もちろん、こうした行為は中絶を求める女性のプライヴァシーの侵害であり、中絶クリニックの敷地内で行なわれた場合は不法侵入になるので、中絶反対派の人たちは逮捕を覚悟で抗議運動に参加しています。

彼らにとっては、赤ちゃん殺しは神の意志に背く大罪なので、たとえ逮捕されてでも阻止したい、と思っているからです。

また、教会によっては、女性や若い信者たちに胎児の発育や中絶の実態を描いたビデオを見せて、胎児に対する愛情を育む説教をしている牧師さんもいます。

ホームスクールをしている家では、生物の時間に受精卵が6週間目ですでに手足や目がハッキリ分かり脳も発育した「小さな人間」になっている写真や、中絶された胎児が中絶医の指をつかんでいる写真、子宮の中の胎児が中絶器具から逃れようとしている映像などを子供たちに見せている親もたくさんいます。

こういう写真や映像を見たことがある人にとっては、中絶される胎児に対して同情心のかけらもない中絶賛成派の人々は残虐で冷血な悪魔のような存在としか思えないのです。

しかし、中絶反対派の人々がいちばん憎んでいるのは出産経験のある中絶賛成派の女性たちです。

自分が妊娠していたときは超音波検査で胎児の成長を愛《め》でていたのに、その愛情を中絶される胎児には注ぐことができない彼女たちを、中絶反対派は「最悪の偽善者」と呼んで、忌み嫌っています。

中絶反対派の人々は、捕鯨やイルカ殺し、アザラシの赤ちゃん撲殺などには反対するのに、中絶には賛成している一部のリベラルな人々のメンタリティが全く理解できないのです。

彼らの目には、動物はかわいがっても胎児には愛情を抱かない一部のリベラルな人々は「鬼畜」としか映らないのです。

中絶反対派の中には、「命には命を」という言葉を文字通り実行してしまう狂信的な人もいて、アメリカでは数年に一度ぐらいの頻度で中絶クリニックが爆破されたり、中絶医が殺されるという事件が起きます。

犯人のほとんどは、情緒不安定で明らかに精神状態がおかしい人々ですが、中には冷静に「神の意志を実行した」と語る者もいて、彼らは一部の中絶反対派からヒーローと崇められています。

「冷静派」と言われている者の代表格は、1996年のアトランタ・オリンピックの最中にオリンピック・パークに爆弾を仕掛けたエリック・ルドルフです。

彼は、1997年にはアトランタ郊外の中絶クリニックとアトランタのレスビアン・バーに爆弾を仕掛け、1998年にはアラバマ州バーミンガムの中絶クリニックを爆破して警備員を2人死亡させました。2003年に逮捕され、2005年に終身刑になったのですが、全く反省の色がなく、下記のような声明文を発表しています。

中絶は殺人です。ワシントンの政権がこの行為を合法化している限り、彼らは統治のための倫理的権威を放棄した、ということです。（中略）私はアナーキストではありません。反政府主義者でも反権力主義者でもありません。子供を殺すことを合法化しているこの政府に対して忠誠心がないだけです。（中略）私は中絶は殺人であると信じ、それを阻止するための実力行使は正当なものだと信じています。

この後、彼は、オリンピック・パークに爆弾を仕掛けたことも、「中絶を支持する政府を混乱させ、世界が見ている場所で恥をかかせるため」で、正当な行為であった、と書いています。

中絶反対派の人々の9割以上は、テロ行為や暴力をもちろん強く糾弾していますが、一握りのテロリストとその支持者たちが目立ってしまうため、中絶賛成派との溝は深まるばかりです。

さらに、2008年の大統領選の最中、オバマ支持者たちがダウン症の子供を産んだサラ・ペイリン氏のことを障害児を中絶しない「くそバカ女」(a fucking moron / a dumb bitch / a fucking idiot / a fucking stupid cunt, etc.）とひどく罵倒しました。

オバマ支持者たちがこぞってペイリン氏のダウン症の子供をネタにしたウェブサイトを次々と立ち上げ、心ないジョークや残虐な中傷を書き立てて楽しみ、オバマ支持派の政治関連サイトでも「中絶をしないと馬鹿な子供が生まれ、その面倒を見るために政府の金がたくさんかかるから、不経済だ」などの恐るべきコメントが続出しました。

さらに、イリノイ州上院議員時代のオバマ氏が、中絶手術がうまく行かず生きたまま胎外に引きずり出されてしまった胎児を救う措置を合法化する法案に何度も反対票を投じていたことが発覚し、2008年以降のアメリカでは、中絶反対派と賛成派の溝はかつてないほど深まっています。

この法案を審議するための公聴会で、中絶手術に失敗し、生きたまま胎外に引きずり出された赤ちゃんが自然死を遂げるまで見守っていた看護婦が証言をしました。

この看護婦は、テレビのインタビューで「議員の多くが涙ぐんでいたのにオバマ氏は無関心な表情で、単に『No!』と言った」と発言。

また、オバマ氏も選挙キャンペーン中に「僕には9歳と6歳の娘がいる。僕は彼女たちにまず価値観と道徳心を教えるつもりだが、もし彼女たちが過ちを犯したとして、彼女たちに赤ん坊という罰が与えられることには僕は反対だ」と発言。

この2つの発言はYouTubeでも大ヒットになり、赤ちゃんは神からの贈り物だと信じている中絶反対派は「オバマは人間の心を持っていない反キリスト教者だ」と激怒しています。

私は日本でニュースキャスターをしていた1989年から、様々な形でアメリカと関わっていますが、中絶反対派がこれほど憤怒《ふんぬ》した様子を見たことはいまだかつてありません。

二者の溝を埋める方法は、望まない妊娠の数を減らすことくらいしかないかも知れません。

ロウvs.ウェイド

ほんの40年ほど前までのアメリカでは、合法的に中絶ができたのはニューヨーク、ワシントン、ハワイ、アラスカの4州だけでした。

30州ではいかなる場合も中絶は非合法、ミシシッピー州ではレイプの場合のみ、アラバマ州とマサチューセッツ州では母体に健康的被害がある場合のみ、残りの13州では母体に危険がある／レイプ／近親相姦の場合のみ中絶が許可されていました。

この状況を一気に変えたのが、1973年のロウvs.ウェイド裁判です。

これは、当時まだ中絶が違法だったテキサス州の女性ジェーン・ロウ（仮名）が、州が中絶を認めないのはプライヴァシーの侵害である、と訴えた裁判です。

最高裁は7対2で彼女の言い分を認め、女性は自由に中絶をする権利がある、という判決を下し、これ以降、アメリカ全土で中絶が合法化されました。

これ以降、保守派キリスト教徒はこの判決を覆すことを目指し様々な活動を続けていますが、中でも注目に値するのは保守派キリスト教徒のための法律学校です。

カトリック、あるいは福音主義者が設立した保守派キリスト教徒のための法律学校は、ひとえに中絶非合法化を実現するための弁護士を輩出することを目的として作られたと言っても過言ではありません。

この種の法律学部で特に有名なのは福音主義者のテレビ伝道師、パット・ロバートソンがヴァージニア州に創設したリージェント大学の法学部です（大学創設は1978年、法学部は1986年に設立されました）。

2009年の司法試験合格率は77・8％（ヴァージニア州の平均は76・4％）なので、まあまあの大学と言えましょう。

ブッシュ政権時代にはこの法学部から、150人以上の卒業生が連邦政府の司法関連の仕事に就きました。

同じく福音主義者のテレビ伝道師、ジェリー・ファルウェルが1971年に創設したリバティ大学も、2004年に法学部を設立。

近い将来、卒業生が最高裁で中絶非合法化のために討議するときにおじけづかないようにするために、総工費100万ドルをかけた最高裁の法廷のレプリカも造られました。

ドミノピザを作ったトーマス・モナハンが1999年にミシガン州に創設したアヴェ・マリア大学はカトリックの大学です。

ヴァチカンの教えに従い、中絶非合法化を具現化させるために弁護士を送り出しています。

2003年に輩出された最初の卒業生の司法試験合格率はミシガン州最高の93%で、2004年はなんと100%でした。

今まで、57人の卒業生が判事の書記（そのうち47人は連邦裁判所の判事の書記）になっています。

この他にも、保守派キリスト教徒の法律学校がアメリカにはいくつかあり、どの大学もかなりの奨学金を出しているので、優秀な学生が集まっている、ということです。

中絶反対派の判事や弁護士を育成して、司法の内部から中絶非合法化を実現させようという彼らのプランが今後どう展開するか、気長に見守っていきましょう。

ちなみに、ロウ vs. ウェイド裁判の「主役」、ジェーン・ロウ（本名ノーマ・リー・マコーヴリー）は、1994年に自伝を出版したときのサイン会で福音主義の牧師と知り合い、1995年に洗礼を受け、それ以来ずっと中絶反対運動を続けています。

中絶権のシンボル的存在から中絶反対派になる過程を描いた自著*Won by Love*（愛による勝利）には、中絶反対派になるきっかけに関してこう記されています。

手術室に座っていたとき、胎児の発育のポスターに目がとまりました。成長過程が明らかに分かり、目もかわいくて、見ているだけで心が痛みました。私は外に走り出て、息をのみました。私は自分に「ノーマ、彼ら（中絶反対派）が正しいんだわ」と言いました。私は年々（中絶クリニックで）妊婦に接し、自分でも3回妊娠を経験し、子供も産んだのに、今まで気づかなかったのです。でも、あのポスターを見てハっと気づいたのです。私は、その10週間の胎児の写真を見つめ続け、「これは赤ちゃんよ」と自分に言いました。まるで目隠しが外されたように、胎児が赤ちゃんんだ、という真実を私は突然理解できたのです。私は真実を悟ったことでつぶされそうな気分になりました。恐ろしい現実に直面しなければならなかったからです。中絶は「受精の産物」でも、「生理がなくなる」ことでもなく、母親の子宮の中で子供を殺す、ということなのです。私は今まで何年もの間ずっと間違っていたのです。中絶を合法化させるために供述書にサインしたのも間違いでした。中絶クリニックで働いたことも間違いでした。受精後最初の3か月、次の3か月、最後の3か月に分けるのも無意味なことです。中絶は、いかなる時点においても、いけないこと。私にはそれが痛いほどハッキリと分かったのです。

彼女の変遷過程一つをとってみても、胎児の写真と宗教の威力は、本当に凄いということがよく分かります。YouTubeでabortionで検索すると、中絶反対派のビデオがたくさん出てきますが、アメリカでは保守派キリスト教徒たちの中には、中絶クリニックが中絶希望者にこのようなビデオを見せることを義務づける法律を通そうと、保守派の政治家に働きかけている人々も少なくありません。

　アラバマ、アラスカ、アーカンソー、デラウェアー、ジョージア、アイダホ、インディアナ、カンザス、ケンタッキー、ルイジアナ、ミシガン、ミネソタ、ミシシッピー、ネブラスカ、ノースダコタ、オハイオ、オクラホマ、ペンシルヴァニア、ロードアイランド、サウスキャロライナ、テキサス、ユタ、ヴァージニア、ウェストヴァージニア、ウィスコンシンの各州では、「中絶を求める女性は中絶前にカウンセリングを受けなくてはいけない」と州法で決められているので、カウンセラーが胎児の写真やビデオを見せていることもあると思われます。

　下の地図に見る通り、ロードアイランド州とペンシルヴァニア州を除くこれらの州で中絶の数が少ないのも頷《うなず》けます。

〈1000人の出産における中絶率の高い州のランキング〉（2001年調査）

カリフォルニア州が575件でいちばん中絶率が高く、いちばん低いのは36件のアイダホ州。また、都市別では、ニューヨーク市が767件といちばん高く、2位はワシントンDCの706件。ロサンジェルスやサンフランシスコもほぼ同じ件数。ワイオミング州は無回答（na）。

第八章　同性愛者は神の敵

Public Opinion Polls

●２００８年12月3日にギャラップ社が行なった世論調査

同性愛は道徳的観点から容認できますか？

「容認できる」と回答した人の内訳

民主党派の55％
無党派の52％
共和党派の30％

「容認できる」と回答した民主党派の内訳

黒人の31％
非黒人の61％

神の教えに背く大罪

1998年10月7日、ワイオミング州ララミーで同性愛者の美しい青年、マシュー・シェパード氏が殺された事件をみなさんはまだ覚えていらっしゃるでしょうか？

シェパード氏は、同性愛者嫌いの男二人にめった打ちにされ昏睡状態に陥り、人里離れた場所のフェンスに縛り付けられていました。

たまたま通りかかった人に発見され、病院に運ばれましたが、意識が戻ることがないまま10月12日に死亡。16日に彼の故郷、ワイオミング州キャスパーで行なわれた葬儀に、極右原理主義キリスト教のウェストボロー・バプティスト教会の信者たちが押し寄せ、God hates fags!（神はオカマどもを憎んでいる）と声高に叫びました。

その後、この教会のフェルプス牧師がキャスパー市の管轄下にあるキャスパー・セントラルパークに下記の文章を刻んだ6フィート（約180センチ）の石碑を「寄贈」しました。

Matthew Shepard Entered Hell October 12, 1998, at age 21 in Defiance of God's Warning: "Thou shalt not lie with mankind as with womankind; it is abomination." Leviticus 18:22
1998年10月12日、マシュー・シェパードは「汝《なんじ》、女と寝るように男と寝てはならない。これは憎むべきことである」レビ記18章22節、という神の警告に逆らい21歳で地獄に墜ちた。

残忍な殺人事件の被害者の葬儀で、これほどまでに心ないことを平然と言ってのける誤った正義感はいったいどこから出てくるのか、不思議に思う方も多いでしょう。

しかし、同性愛者に対する異常なほどの憎悪が、愛を伝えるはずのキリスト教に起因していると知ったら、驚きと戸惑いがさらに増幅してしまうのではないでしょうか。

アメリカでは、カトリックの多くと福音主義者のほとんどが同性愛は神の教えに背く大罪だと信じています。

彼らは、同性愛者には神の天罰が下り、ゲイ・バッシングは神の意志に沿った正当な行為だと本気で信じているのです。

彼らが拠《よ》り所にしている聖書の記述をご紹介しましょう。

まず、17ページでもご紹介した旧約聖書の創世記1章27節〜28節です。


神は自分の形に人を創造した。神の形に、人を創造した。男と女を創造した。神は彼らを祝福して、言った。「生めよ、増えよ、地を満たし、地を従わせよ。海の魚、空の鳥、地に動く全ての生き物を支配せよ」

保守派キリスト教徒たちは、この記述をこう解釈しています。

神は男と女を創造して、「生めよ、増えよ」と命じた。同性愛を許して男と男／女と女を創造していたら、生むことも増えることもできなかった。よって、神は同性愛を許していない。

保守派の神父や牧師さんも、この記述を使って、よくGod created Adam and Eve. Not Adam and Steve!（神

はアダムとイヴを創造したのであって、アダムとスティーヴを創造したのではない）とお説教をしています。

ですから、この記述には同性愛を否定する言葉は一つも出てこないにもかかわらず、保守派キリスト教徒たちは、勝手に行間を読んで、ゲイ・バッシング正当化の論拠として使っているのです。

新約聖書のマタイによる福音書でも、イエスが離婚に関する質問をしたパリサイ人にこの記述を引用してこう言っています。


〈マタイによる福音書19章4節〜6節〉

あなたたちは読んだことがないのですか？　創造主は最初に男と女を造り、それゆえに人（男）は父を母を離れて妻と結ばれて二人は一体となるべきだ、とおっしゃったのですよ。彼ら（夫婦）は一体なのですから、神が合わせたものを、人が離してはいけません。


これも、保守派キリスト教徒たちはゲイ・バッシングの根拠としてよく引用し、「神が最初から男と女を造って結婚させたのだから、同性愛も同性愛者の結婚も神の意志に背く」と主張しています（イエスは「同性愛はいけない」とは一言も言っていないのですが…）。

このイエスの言葉を本気で信じているのなら、離婚する人たちのことも「神の道に背く不届き者」として本気で糾弾すべきではないでしょうか。

〈2008年の宗教別「離婚率」調査〉
ユダヤ教　30％

ボーン・アゲイン（新生）・クリスチャン　27％
その他のクリスチャン　24％
無神論者と不可知論者　21％

創世記19章のソドムとゴモラに関する記述もゲイ・バッシングによく利用されています。

神は、重い罪を犯した二つの町、ソドムとゴモラを滅ぼそうとするのですが、善良なアブラハムに「正しい者と悪い者を一緒に滅ぼさないでください」と懇願され、悪の町に正しい者が10人いたら、その10人のために町を滅ぼすことはしない、と約束します。

そこで、ソドムに正しい者が10人いるかどうかを確かめるために天使が二人派遣されます。

ソドムの門のところに座っている二人の天使を見て、ソドムの善良な住人ロトが「私の家にお泊まりください」と家に招待し、食事をふるまいます。


〈創世記19章4節～5節〉

彼らが眠る前に、ソドムの町の男たちが、若者も老人も、四方八方からやって来て家を囲み、ロトに言った。「今夜おまえのところに来た人々はどこにいる？　彼らを連れて来い。我々が彼らを知ることができるように」


この後、ロトは客人を差し出す代わりに「男を知らない、私の娘を二人差し出すので、娘たちを好きなようにしてください」と言って懇願しますが、群衆は納得しません。

それで、結局、二人の天使は集まってきたソドムの人々の目をつぶして、ロトに「我々はこの町を滅ぼすので、身内の者たちを連れて逃げなさい。決して振り返らないように」と言います。

ロトは妻と二人の娘を連れて逃げ出しますが、ロトの奥さんは振り返ったので塩の柱と化してしまい、ソドムとゴモラの町は住人もろとも神が天から降り注いだ硫黄《いおう》と炎によって滅ぼされました。

さて、ここで問題なのはソドムの町の人々の「我々が彼らを〈知る〉ことができるように」という一言です。「知る」の部分の原文（ヘブライ語）は「yada」です。

「yada」は、旧約聖書に900回以上出てくる動詞で、「法を知る」「善悪を知る」「人を知る」「場所を知る」など、日本語の「知る」（英語のknow）と同じ意味で使われています。

ですから、この部分は、「ソドムの男たちが、他の土地からやってきたよそ者がどんな人間なのかを単に知りたかった」という意味にも解釈できます。

そして、そう解釈すれば、この部分が同性愛批判の文章とは到底思えません。

しかし、創世記4章1節~2節で、「人（神が創った最初の人／男アダム）はその妻イヴを知った（yadaした）。彼女は身ごもりカインを産んだ」という記述があるので、先の創世記19章のyadaも、聖書の英訳本のほとんどが「肉体的に知る」「セックスをする」という意味で訳しています。

また、英語では、同性愛の性交（アナル・セックス）をsodomy（ソドミー）と言いますが、これもSodom（ソドム）が語源なので、英語圏では「ソドム＝同性愛の町、罪悪・堕落の場所」という概念が定着しています。

そのため、英語圏ではソドムの罪は同性愛で、それが原因で神に滅ぼされた、と思っている人が非常に多いのです。

それで、保守派キリスト教徒たちは、同性愛は大罪で、同性愛者は神の逆鱗に触れて硫黄と炎で滅ぼされるという「天罰」が下されるべき罪人である＝神は同性愛者を憎んでいる／同性愛者は地獄に堕ちる、と本気で信じているのです。

ちなみに、エレミヤ書23章14節では、「ソドムの罪は姦淫だった」と記していますし、エゼキエル書16章48節～50節では「ソドムの罪は、傲慢で、飽食な暮らしをして他人のことに無関心で、貧しい人々や困っている人々を助けなかったことだ」と記されています。

ですから、「姦淫、傲慢、飽食、無関心、慈善・慈悲の欠如」という罪を犯した人も地獄墜ちに値する、ということになります。

ウェストボロー教会の人々は、本気で聖書を信じているのなら、ゲイ・バッシングをする前に貧民救済のためのチャリティ活動でもすればいいのに、とさえ思えてきます。

冒頭の世論調査でも分かるとおり、黒人には同性愛に反対している人が多く、特に南部の黒人の教会では牧師がゲイ・バッシングを行なうことが少なくありません。

そんな時、牧師たちは必ずソドムが神の怒りに触れて破壊された、という先の記述を引用しますが、黒人の牧師たちが本気でソドムが悪いと信じているのなら、タイガー・ウッズの姦淫も厳しく非難すべきだったのでは、と思えてしまいます。

レビ記にも、ゲイ・バッシャー御用達の記述が2つ出てきます。

まず、レビ記18章22節を見てみましょう。

汝《なんじ》、女と寝るように男と寝てはならない。これは憎むべきことである。

レビ記20章13節には、こう記されています。

もし男が女と寝るように男と寝た場合は、二人とも憎むべきことをしたことになるので、二人とも必ず殺されねばならない。

この二つの記述だけをレビ記から抜粋して、何の脈絡もなしに提示すれば、確かに同性愛を非難した記述だとも解釈できます。

しかし、そもそもレビ記は、神がモーゼに告げた言葉が記された書ですので、神への供え物の準備の仕方、祭儀の執り行ない方、夫婦のセックスの仕方、休息日の正しい休み方などに関する細かい規定が記された「ルールブック」のようなものです。

モーゼの時代にイスラエルの民が住んでいたカナンの土地には、多神教信者／偶像崇拝者の他の人種もいて、それらの人々は豊穣の神とか多産の神とかの神殿にいる売春婦／夫とセックスをすると願いが叶うと信じていたり、宗教的儀式として男性同士がアナル・セックスをしていた、と言われています。

ですから、レビ記は、こうした多神教の異教徒たちとユダヤ教（偶像崇拝を禁じた一神教）を信じるイスラエルの民とを区別するための「ルールブック」と解釈できるわけです。

そう解釈すると、問題の記述は同性愛を禁じたのではなく、異教徒が願掛けや宗教行事の一環として行なっている淫《みだ》らな性交をイスラエルの民は真似してはいけないと言っているだけだ、と解釈することができます。

しかし、保守派キリスト教徒たちは、これらの記述は神が同性愛を忌み嫌っている証拠だと信じていて、同性愛者は殺されるべきだと本気で信じている人も少なくないのです。

次に、新約聖書のローマ人への手紙の一節を見てみましょう。

〈ローマ人への手紙1章26節～32節〉

それゆえ神は彼らを汚らわしい情欲に陥れた。女たちまでもが自然な関係を不自然なものに交え、男たちも同じように女との自然な関係を捨てて、お互いに情欲に燃え、男は男に対して不適切なことを行ない、犯した過ちの当然の報いを受けた。

さらに彼らは神を認めることに価値を見いださなかったので、神は彼らにゆがんだ思いを与え、してはならないことをさせた。彼らはあらゆる不義、邪悪、貪欲、堕落に満たされ、妬みと殺意、争いと詐欺、悪意に満ちた。彼らは陰口をたたく者、中傷する者、神を憎む者、不遜な者、傲慢な者、自慢ばかりする者、悪事を企む者、親に逆らう者となり、無分別、不誠実、無情、無慈悲になっている。彼らは、こうしたことを行なう者たちは死に値するという神の正しい定めを知っているにもかかわらず、自分たちもこうしたことを行なうばかりか、こうしたことを行なう者たちを是認している。


これも、保守派キリスト教徒たちが「神が同性愛を認めていない証拠」としてよく引用する一節です。

ざっと読んだ感じでは、確かに同性愛行為を批判したものだとも解釈できます。

思考回路が単純な人の中には「だから同性愛者は死に至らせるべきだ」と思ってしまう人がいるのも無理はないのかもしれません。

しかし、「ローマ人への手紙」は、名称通り、伝道師の使徒パウロ（ポール）がローマにいるキリスト教徒たちに宛てて書いたものであるということを忘れてはいけません。

この手紙が書かれたのは西暦51年～57年の頃だと鑑定されています。

当時のローマ皇帝は、37年～41年はカリギュラ、41年～54年はクローディアス、54年～68年は悪名高きネロで、カリギュラとネロが酒池肉林《しゅちにくりん》にふけっていたことは日本人にもよく知られていると思います。

当時のローマでは、まだキリスト教徒は少数派で、ほとんどの人々が酒の神バッカスや愛の神キューピッドなどのローマ神話に出てくる様々な神々を信じていました。

これを踏まえて、ローマ人への手紙1章18節～23節（つまり、前出の節に至るまでの記述）を読んでみましょう。

> 邪悪で真理を抑圧しようとする者たちのあらゆる不信心と邪悪に対して、神の怒りが天から啓示される。神に関してどんなことが知り得るか、彼らには明らかだからである。なぜなら、それらのことを神が彼らに明らかにしたからだ。天地創造の時から、目には見えない神の性質、つまり神の永遠の力と神性は明示されていて、被創造物により知らしめられているので、彼らには弁解の余地はない。
> 彼らは神を知ったにもかかわらず、神の栄光を称えず、神に感謝もせず、彼らの思いは無益になり愚かな心は暗くなった。彼らは賢者だと自称しているが、愚かになり、不朽の神の栄光と引き替えに、死を免れない人間や鳥や獣や這うものに似せて像を造った。
> ゆえに神は彼らを見捨て、彼らの心を罪深い情欲の中に陥れ、彼らが汚れて互いの体を辱《はずかし》め合うままにした。彼らは神の真理を虚偽に変え、創造者の代わりに被創造物を崇め、これに仕えた。創造者は永遠に称えられるものである。アーメン。

この後に、前出の「それゆえ神は彼らを…」が続くのです。

こうして1章の後半部分を全部読んでみると、パウロの怒りの矛先《ほこさき》は、決して同性愛者に向いているわけではなく、神を知りながら偶像崇拝などの悪事を働く輩《やから》に向いていることが明らかになります。

つまり、パウロが糾弾しているのは、同性愛者ではなく、キリスト教に改宗した後にローマの多神教崇拝に戻ってしまい、多神教信仰の一環として酒の神バッカスなどのお祭りで乱交などをしている人々のことだ、と考えるほうが筋が通っていると思いますが、いかがでしょうか。

ちなみに、ウェストボローのフェルプス牧師が「寄贈」した石碑は、キャスパー市が撤去しようとしました。しかし、キャスパー・セントラルパークには十戒やマグナ・カルタ、独立宣言、権利章典のレプリカも展示されていたため、フェルプス側が言論の自由の侵害だと訴え、この裁判は最高裁にまで持ち込まれました。

そして、２００９年2月に最高裁が満場一致で「十戒や独立宣言、権利章典、マグナ・カルタは歴史的な意味のあるもので宗教色はないが、問題の石碑は特定の宗教を広めようとするものであるから修正第一条に違反する」という判決を下し、やっと撤去されました。

第九章　保守派キリスト教徒の経済観

Public Opinion Polls

●2010年7月23日に発表された有権者1000人を対象に行なったラスムッセン社の世論調査

あなたは政府の管理下に置かれた経済と自由市場のどちらがいいと思いますか？

政府管理下の経済のほうがいい……11％
自由市場のほうがいい……75％
無回答・分からない……14％

自由市場による競争と政府による経済規制のどちらが雇用創出に役立つと思いますか？

自由市場による競争……69％
政府による経済規制……19％
無回答・分からない……12％

●2010年7月23日にCNNが発表した、政府による経済規制を強化しているオバマ政権に関する世論調査

あなたはオバマ政権の経済政策に賛成ですか？

賛成……………………………………………………………42％
反対……………………………………………………………57％
無回答・分からない…………………………………………1％

●2008年8月21日に行なわれたピュー・リサーチ・センターの世論調査

貧者救済に最も適した機関は？

宗教的団体……………………………………………………31％
非宗教的団体…………………………………………………29％
政府の機関……………………………………………………31％
その他…………………………………………………………9％

貧者救済に最も適しているのは宗教団体である、と答えた人々の内訳

共和党支持者の40％
民主党支持者の23％
無党派の31％
プロテスタントの37％
プロテスタントの中の白人福音主義者の47％
カトリックの29％

あなたは福祉活動を行なう宗教団体に政府が援助金を与えることを支持しますか？

支持する……………………………………68％
支持しない…………………………………28％
無回答・分からない……………………………4％

あなたは下記の宗教団体が福祉活動を行なうために政府が援助金を出すことを支持しますか？

〈宗教団体〉	〈支持する〉	〈支持しない〉	〈無回答・分からない〉
カトリック教会	61％	35％	4％
プロテスタント教会	59％	35％	6％
福音主義者の教会	55％	38％	7％
ユダヤ教寺院	55％	39％	6％
モルモン教会	50％	44％	6％
イスラム教寺院	40％	53％	7％

経済の自由は神の恵み

経済的な成功を収めた国の中で、最も社会主義に近い体制とも言われる日本で生まれ育った人々や、累進課税政策をとっているヨーロッパの人々は、政府が国民の面倒を見る福祉国家こそが先進国の証《あかし》だと思っています。

アメリカでも、リベラルな人々は「ゆりかごから墓場まで」政府が面倒を見てくれる北欧や英国型の福祉国家が良い国家だと信じています。

特にリベラルなクリスチャンはマタイによる福音書に出てくるイエスの言葉「富める者が天国に入るよりは、ラクダが針の穴を通るほうがやさしい」を論拠にして、金持ちに高い税金をかけ、大企業に多くの制約を加えた結果均等社会こそがキリスト教の思想に沿うものだと信じています。

しかし、アメリカ人の半数は「福祉国家＝社会主義国家」に脅威を感じていて、保守派キリスト教徒たちはフリー・マーケット（自由市場）のみがキリスト教に裏打ちされた正しい経済体制だと信じているのです。

彼らは、自由経済こそがキリスト教にふさわしいものであり、政府が経済に規制を加えることに反対し、貧者救済は道徳的な課題なので、政府が口を出すべき分野ではないと考えています。

金持ちや企業に高い税金をかけて政府の財源を増やすことで貧者を救済する、というヨーロッパ型の福祉国家は、富の再分配を行なう社会主義国家であり、キリスト教の精神に反する神への冒瀆だと考えているからです。

環境保護を扱った章（36ページ参照）で書いた通り、保守派キリスト教徒たちは、創世記で人間を創造した後に神が言った一言「生めよ、増えよ、地を満たし、地を従わせよ。海の魚、空の鳥、地に動く全ての生き物を支配せよ」を信じています。

この世の中のものは全て神の支配下にあり、神は自分の姿に似せて創造した人間に、とりあえず地上での万物の支配権を委託した、と考えているのです。

それで、この世に生きている間だけとはいえ、神から支配権を委託されたもの（＝万物）は人間の所有物なので、それを自由に使ったり、交換したり、売ったりして、自由に経済活動を行なうことが神の意図にかなう行為だと信じているのです。

カトリックとプロテスタントでは、資本主義を正当化する思考プロセスが異なりますが、保守派キリスト教徒の自由経済信奉の基本は、やはり創世記のこの一言にしっかり根差しています。

保守派カトリックと保守派プロテスタントの思考プロセスの差異

〈保守派カトリックの経済観〉

保守的なカトリック信者の経済観の礎《いしずえ》になっているのは、13世紀のイタリアの神学者で、スコラ哲学者のトマス・アクィナスの思想です。

アクィナスは、『神学大全』の中で、こう述べています。

神が万物の最高支配者である。神は神意により人体の滋養のために人に物資をあてがった。ゆえに、人はそれらの物を使用するという意味においての支配権を持っている。

神が万物を人のために創造してくれたのだから、人は万物のこの世の支配者として、煮て食うなり、焼いて食うなり、好きにしていいということです。

そして、アクィナスは、私有財産は人間が生活していく上で必要なものである、と説きました。

彼はその理由として、次の条項を挙げています。

・人は共有財産より所有権のあるもの（土地でも物品でも）のほうをより丁寧に扱う。
・共有財産より個人の所有物のほうが責任の所在がはっきりしているので、秩序を保ちやすい。
・秩序を保ちやすければ、平和な社会が訪れる。

さらに、アクィナスは、人々がそれぞれ異なる分野で異なる能力を持って異なる仕事ができる、というのは神意である、と唱えました。

神を崇めるために／神に仕えるために必要な健全な精神を保つためには、人は肉体的・物質的な要求を満たさなければならず、分業（労働の分担）や商業活動は人間の欲求や需要を満たすものである、と資本主義に好意的な説を唱えたのです。

つまり、商業（資本主義）は神を崇め、神に仕えるために必要なこと、というわけです。

アクィナスは、資本主義に付き物の「負け組」の人に関しては、「土地や物品の私有権は認めても、使用権は分かち合うべきだ」と説き、「持てる者たちは持たざる者たちに所有物を分け与えるべきだ」と唱えました。

ですから、保守派カトリック教徒の経済観は、「資本主義、自由市場を謳歌して、勝ち組は負け組に慈善を施す」というものなのです。

勝ち組のマジョリティが敬虔なカトリックで、負け組のために大口の寄付をしてくれる、という条件付きなら自由市場を謳歌する資本主義国家も貧者にも優しい国になれるでしょう。

ローマ法王、故ヨハネ・パウロ2世も、1991年に公布した回勅《かいちょく》（ローマ法王が世界中のカトリック教会司祭に宛てた形で書かれる公文書）で、自由市場を是認し、「自由市場は、個々の国家、また国際関係において資源を利用し、ニーズに効率よく応えるための最も有効な手段であると思われる」と述べています。

法王はさらに、「第三世界の国々は経済を発展させるために資本主義体制を目指すべきか」という問いに関して、こう述べています。

資本主義が、ビジネス、市場、私有財産の面でポジティヴな役割を果たし、責任のある生産手段を用い、自由な人間の創造性を伸ばす経済制度であるのなら、答えは肯定的なものである。しかし、倫理と信仰を中核にした強力な司法制度が経済の自由に制限を加え、それを人間の自由のために役立てる、という形の資本主義でなければ、答えは否定的なものとなる。

保守派カトリック教徒は、倫理と信仰を中核にした強力な司法制度が経済の自由を制限することはかまわないが、信仰心がなくて倫理もない政府が自由経済を束縛することには反対だ、というわけです。

〈保守派プロテスタント、特に福音主義者たちの思考プロセス〉

本題に入る前に、宗教改革に関してざっとおさらいをしておきましょう。

カトリックの社会では、司祭や修道士など聖職者の仕事は文字通り「聖職」ですが、それ以外の世俗の仕事は卑しいものとみなされています。

それで、基本的には洗礼を受けた後は罪を犯しても悔い改めて司祭に告白し、苦行や善行によって罪を償えば救済が得られる、というシステムをとっています。

しかし、中世にカトリック教会が贖宥状《しょくゆうじょう》を売り出して、これを買えば善行や苦行なしでも罪の償いを軽減できる、と言い始めました。

これにプロテスト（抗議）して宗教改革を起こした人たちが「プロテスタント」です。

最初にプロテストしたのはルターで、彼は、

- **信仰心さえあれば救われる。**
- **神の真意を伝えるのは教会や祭司ではなく聖書のみ。**
- **信徒は誰もが祭司である。**
- **キリスト教徒は皆それぞれの職業を神から与えられた使命（天職）として受け止めて勤勉に働くべきである。**

と唱えました。

これらの主張は、日本語では信仰義認論、聖書主義、万人祭司主義、職業召命観、と呼ばれています。

ルターの次に現れたプロテスタント、カルヴァンの思想はルターの教えの延長線上にあります。

職業に関しては、「神がそれぞれの人間の才能に応じて適材適所に人を配置したのだから、どんな職業も神から割り当てられた天職として仕事に励み、質素で禁欲的な生活を送るべきである」と説きました。

そして、みなさんもよくご存じの通りカルヴァンは「予定説」を唱えました。

「予定説」とは、人が神によって救済されるかどうかは予《あらかじ》め決められている、というものです。神が最初から救う人と救わない人を決めているので、救済されると予定された人たちはこの世の中で罪を犯しても絶対に神の元に戻ってくるので救済され、救済されないと予定された人は俗世でいくら善行を積んでも救われ

ない、ということなのです。

これは、「私は救われると予定された人間に違いない」と信じることができる楽観的な人にとっては、とても都合のよい説ですが、悲観的な人は「私は救われないと予定された人間に決まっているから、何をしても無駄」と思って、宗教に関しても人生に関しても自暴自棄になってしまうかも知れません。

そして、たいていの人間は自分が救われる予定なのかどうか知りたい、と思うはずです。

そのため、カルヴァンの教えに傾倒した人々の多くが、「この世での成功（俗世で勤勉に働いた成果）は救済の啓示である」と考えるようになりました。

この考え方が今でもプロテスタントの間に受け継がれていて、特に福音主義者たちは、「勤勉に働いてその成果を得ることは天国への近道である」と信じているのです。

保守派キリスト教徒の経済観念は、「勤労の美徳を説く」という点では日本人には共鳴できる部分もありそうに思えます。

ホームスクーラーの経済観

次にホームスクーリング（学校に行かずに家で親や家庭教師から授業を受ける、という教育方法）を行なっている福音主義者の子供たちが、経済に関してどんなことを習っているのか、かいつまんでご紹介しましょう。

まず、クリスチャンにとっての経済学の基本思想から。

福音主義者たちは、クリスチャンは、聖書の原則と聖書に記されている法律を適用させて経済を学び、神が与えてくれた天然資源やアイディアを人間のニーズを満たし物質的な福益を増やすために使って神を称えなければならない、と信じています。

つまり、経済活動も神を称えるための行為なので、経済にも聖書の基準を当てはめなければならない、ということです。

万物を創造した神は、万物の支配権を人間に授けたので、人間はやはり神から授かったクリエイティヴィティ（創造力）をフル活用して物質的な財産を増やすことで神を称えよう、というわけです。

環境保護を扱った第三章でも書きましたが、保守派の福音主義者たちは天然資源は尽きることはない、と本気で信じていますし、経済的な成功を収めるためのアイディアも神に祈れば神が与えてくれると思っています。

聖書の教えに沿った経済活動をする上での基本事項は、

・盗んではいけない。
・強い倫理観をもって勤勉に働かなければならない。
・病気などまさかの時に備えて堅実に貯蓄すべし。
・賢い投資は称賛されるべき行為である。
・神の教えに従い、勤労の成果の一部を自由意志で気前よく寄付して教会や貧しい人々と分かち合うべし。

という5点です。

まじめにしっかり働いて、稼いで、貯めて、ついでに投資もして、寄付をしよう、ということで、俗世間での富を増やすことは、神を称える行為だとみなされているわけです。

そして、経済で何よりも重要なのは「自由」であることです。キリスト教徒は自由な人間なので、物質や土地を所有する自由、職業を選ぶ自由、仕事の成果を保持する自由、政府の規制を受けない自由市場で自由意志により売買する自由があるのです。

キリスト教徒の労働意欲は、そもそも神が与えてくれるもの。ですから、真のキリスト教徒は勤労の精神で満ちています。

しかし、せっかく働いて得た成果（賃金、財産）を税金とか政府による規制という形で横取りされてしまったら、どんなに勤労意欲に満ちた善良なクリスチャンでもやる気がそがれてしまうでしょう。

そのため、クリスチャンに適した経済体制は税金も政府の規制も最小限にとどめた自由市場、自由経済、自由企業ということになります。

クリスチャンの労働意欲・やる気は、元々は神から授かったものですが、自由経済は働けば働くほど成果が得られる、というシステムなので、やる気をさらに拡張してくれる、ということです。

福音主義者は、神に触発された勤労意欲と自由市場のインセンティヴは人間のクリエイティヴィティを刺激するので、産業革命がキリスト教圏の自由市場社会で起きたのは偶然ではない、と信じています。

キリスト教徒のための経済学の大家として知られるチャールズ・ハル・ウルフは、キリスト教徒の経済を車輪に譬えて、こう説明しています。

車輪の軸は「神から与えられた自由」で、車輪の輪の部分は「神の教えと人間の管理」です。

そして、車輪の輪を支えている6本のスポークは、次の6つです。

・個人の進取の気性
・政府の規制を最小限にとどめた自由企業体制
・キリスト教の精神（勤勉、正直、隣人愛）
・私有財産の所有権
・中小企業の育成
・自由市場

自由企業、自由市場、私有財産の所有権に関しては前出の通りですし、勤勉、正直、隣人愛は日本人にも納得できる精神ですから、あとの二つに関して説明しましょう。

まず、個人の進取の気性について。

キリスト教徒は一人ひとりが神から生産的な才能（天職）を与えられているので、それを利用して富を築き、個々の人間が経済面でも自己責任を果たすべし、ということです。

経済面での自己責任には、

・個人の自由意志で貧者を助ける。
・健康を自己管理して万一の時に備えて貯蓄をしたり、保険料を払ったりして医療費は自分で負担する。
・不況の時も経済が好転するまで持ちこたえられるように貯蓄をしておく。
・借金をしない（稼ぐ以上に使わない）。

などが含まれます。

福音主義者たちは個人個人が強い自己責任感を持つことがクリスチャン的な生き方であり、貧者救済も健康保険も失業保険も政府が口を出すのは、非クリスチャン的であると共に不経済だと信じているのです。個人の自由意志による寄付金は、教会やボランティアの人を通じて百％貧者のために使われるので無駄がありません。

しかし、政府が税金という形で個人の富を「没収」し、貧者に再分配する「福祉国家」は、まず税金徴収と再分配を司る役人が必要となり、お役所仕事が増えるだけです（日本は公務員も勤勉なのかもしれませんが、アメリカの公務員は強力な労組に守られていて、殺人でも犯して有罪にならない限りクビになることはないため、勤労意欲に欠け、米語では「お役所仕事（bureaucracy）」は「非効率的なもの」の代名詞になっています）。

政府の雇用が増えると役人の給与を支払うためのさらなる増税を招くだけで、政府による雇用創出は経済の発展には全く寄与しません。

さらに、福祉が政府によって制度化されてしまうと、それを悪用して楽して暮らそうとする「悪人」が出てきます。

ですから、政府が福祉に手を出すことは百害あって一利なし、と福音主義者たちは考えるのです。

福音主義者御用達の歴史の教科書*America's Providential History*は、「政府による福祉はお役所仕事運営費に7割が浪費され、貧者の手元には3割しか届かない」と指摘しています。

福音主義者の中でも特に保守的な人々は「そもそも、真のクリスチャンは神から天職を授かり、神に触発された勤労意欲に満ちているので病人以外は働けるはず。貧者は信仰心が薄く怠惰で働かない人々か、稼ぐ以上に使ってしまう非常識な愚か者なので自業自得だから助ける必要はない」と考えています。

そのため、彼らは、復員軍人、病人、自分の責任ではない事故で働けなくなった人の救済、不況で解雇された人の一時的救済は熱心に行ないますが、稼ぐ以上に使って借金地獄にはまった無責任な人間は自業自得なので救済の必要はない、と主張しています。

次に中小企業の育成に関して。

どんな大企業も始めは中小企業なので、中小企業を育成しよう、ということです。

中小企業を立ち上げる人こそが、最もクリエイティヴ、かつ生産的で、雇用創出の原動力であり、中小企業の発展が経済発展の源である、という考えは、日本人にも納得がいくと思います。

しかし、福音主義者はこの考え方をさらに進めて、「だから中小企業、及び中小企業が成功を収めた結果である大企業に課税したり、政府の規制を加えるのは成功を罰する行為であり、非キリスト教的である」と考えるのです。

企業が自由に発展すれば雇用も生産性も増えて、底辺の人々の底上げにつながる、ということです。

それで、福音主義者たちは、神から授与された自由という基盤に根差した6つのスポークが、神の教えに基づいて人間が管理する車輪を支えて経済を回している、と考えているのです。

中小企業の重要性は常識的で頷けるし、天職という考え方も、神をキリスト教の神と特定しなければ、頷ける部分があります。

正直、勤勉、隣人愛、というのも、万人が愛でる道義ですから頷けます。

私有財産の所有権にも当然頷けるし、自由市場と自由企業体制というのも、資本主義の勝ち組の人には頷けるでしょう。

ですから、スポークの部分は、別に福音主義者ではなくてもけっこう納得がいきます。しかし、車輪の軸、つまり経済の土台になっているのが「神から与えられた自由」という部分は、やはり驚きです。

「神から与えられた自由」とは、すなわち誰からも侵害されることのない絶対的な自由のことだと福音主義者たちは解釈しています。

政府から与えられた自由だと、政府に奪還される恐れがありますが、神から与えられた自由は絶対的なものですから揺らぐことのない安定した土台となり、それを礎にして経済の発展が望める、ということなのです。

この章の冒頭で書きましたが、保守派キリスト教徒は「万物の抜本的な所有権は創造主である神にあるが、神の国が訪れるまで、あるいは人間がこの世で生活をしている間の万物の支配権は神が人間に委託した」と信じています。

人間は万物の管理人として、勤労の成果としての富を賢く管理し、富をもって善行を施し、社会全体の富の量を増やせば底辺の人にも富が降り注がれて、世の中の全体的な経済レベルが上がる、したがって個人個人が経済的な成功を収めるのは社会全体のために良いことだ、と考えています。

そして、経済発展の原動力である中小企業が成功を収めて大企業になったら、もっと多くの人々を雇い、もっと多くの富を創出し、社会全体の底辺を引き上げることができるので、大企業に制約を加えたり、高い税金を課して成功を罰することは神の意志に反する行為だと信じているのです。

彼らは、富は勤労に対する神の恵みであり、神の恵みは無限だと信じているので、ある人の富は別の人の犠牲の上に築かれる、という考え方はしないのです。

環境保護を扱った第三章でも書きましたが、リベラルな人間は、富をパイに譬えて切り分け、金持ちが大部分を切り取ることに怒りを感じるのですが、保守派キリスト教徒は、パイを無限に大きくすれば、底辺の人の取り分の絶対量も増える、と考えるのです。

そこで、リベラルな人間が「パイを無限に大きくするなんて無理だ」と言ったりすると、「求めよ、さらば与えられん」とお説教されて、「これだから、信仰心のない人は困る」と愚痴られてしまうのです。

次の章では、彼らの経済観の基盤になっている聖書の言葉をご紹介しましょう。

第十章　保守派キリスト教徒の経済観と聖書の言葉

私有財産の所持権

神が人間に万物の所有権を与えた、という考え方の大前提になっているのは、創世記1章26節～30節の記述です（37～38ページ参照）。

保守派キリスト教徒は、この記述を根拠にして、人間は万物の管理人・世話役として神が創造した万物を有意義に利用して栄える義務がある、と信じているのです。

創世記が資本主義や自由経済の源《みなもと》とは、まさにオドロキです。

詩篇115章15節～16節には、こう記されています。

天地を創造された主によって
あなたがたが恵まれますように
天は主のものです
しかし地は主が人に与えました

保守派キリスト教徒は、この記述は神が俗世の万物の支配権を人間に委託したもの、と解釈しています。

特に、福音主義者は、万物はイエス・キリストが再臨するまでの間の俗世での暮らしを裕福にするために神が与えてくれた贈り物なので、それを正直に使って富を得ることは神の栄光を称え、神に謝意を表する行為である、と考えています。

もし万物の創造者である全能なる神が、イエス再臨までの俗世のひとときを人間にとって苦しいものにしたかったのなら、砂漠のような場所に人間を配置したはずですが、神はそうはせず、地球を動植物が豊富で天然資源もある場所に創り上げてくれました。

この事実一つをとっても、万物が神から人間への贈り物であることは明らかだ、と福音主義者たちは考えるのです。

そして、せっかく神が与えてくれた恵みなのだから、それを正当な方法で用いて富を増やし、享受することはキリスト教徒の義務である、と堅く信じているのです。

逆に言うと、神の恵みをありがたく受け取って自分の幸せのために用いないのは、神に対する冒瀆である、ということです。

次に、出エジプト記20章の十戒を見てみましょう。

保守派キリスト教徒は、十戒のほとんどが所有権に関する教えだ、と解釈しています。

1　私の他に何者をも神としてはいけない。
2　あなたは自分のために像を造ってはいけない。
3　あなたは神である主の名をみだりに口にしてはいけない。
4　安息日を覚え、聖なる日とせよ。

5　父と母を敬え。
6　あなたは殺してはいけない。
7　あなたは姦淫してはいけない。
8　あなたは盗んではならない。
9　あなたは隣人に関して偽証してはいけない。
10　あなたは隣人の家を切望してはいけない。隣人の妻、奴隷、牛、ろば、隣人のいかなる所有物をもむやみに欲しがってはならない。

8と10が私有財産の所有権を侵害するな、という意味であることは誰の目にも明らかですが、その他の戒めは一見所有権とは無関係のように思えます。

しかし、福音主義者たちは、2の偶像崇拝禁止は神の肖像権侵害禁止、3は神の名前の所有権の主張、4は神が所有する時間を尊重せよ、6は人間の命の所有権の尊重、7は夫による妻の所有権を侵害するな、という教えだと解釈しています。

そして、十戒の8割がクリスチャン的経済観念を構築するにあたって絶対に欠かせない「所有権の大切さ」を教えるものだ、と理解しています。

十戒を「所有権」というアングルから解釈してしまう想像力は、大変なモノだと思います。神からインスピレイションを受けた福音主義者、さすがとしか言いようがありません。

富を享受することの正当性

リベラルな人々は富は分かち合うべきだと思っていますが、保守派キリスト教徒は勤労の成果として得た富を神の恵みとして神に感謝しながら享受することはクリスチャンとして正当な行為だと思っています。

使徒パウロが弟子のテモテ（ティモシー）に宛てた手紙の記述を見てみましょう。

〈テモテへの第一の手紙6章6節〜11節〉
内面的な満足感を伴う敬虔こそが、大きな富の源なのです。私たちはこの世に何も持って来なかったし、何一つ持ち去ることはできません。食べ物と衣服があれば満足だと考えましょう。ところが、金持ちになりたい人々は誘惑に陥り、堕落と破滅に陥れる多くの愚かで有害な欲望の罠にはまってしまうのです。金銭を愛することはあらゆる邪悪の根源だからです。金銭を切望して真の信仰の道から迷い出て、多くの悲しみに苛《さいな》まれてしまった人々もいます。しかし、神の子よ、あなたはこれらの全てを避け、正義、敬虔、信仰、愛、忍耐、優しさを追求しなさい。

〈テモテへの第一の手紙6章17節〜19節〉
この世の裕福な人々に、尊大、傲慢になるなと命じなさい。不確実な富に望みをかけずに、私たちに全てを豊かに供給して楽しませてくれる神に望みをかけよ、と命じなさい。良いことをして、善行という富を築き、惜しみなく寛大に分け与えよ、と命じなさい。このようにして宝を

蓄え、未来に備えて自分のためにしっかりした基礎を築き上げれば、彼らはまことの命を得るでしょう。

リベラルな人々は、テモテへの手紙のこの記述を「この世では物質的な富ではなく、善行という富を築け。そうすれば天国に行けて、まことの命を得られる」＝「キリスト教は金儲けを批判している」と解釈します。

しかし、保守派キリスト教徒は全く別の解釈をしています。彼らの思考経路をご説明いたしましょう。

この記述でパウロが非難しているのは、以下のような人々です。

- **敬虔を利得の手段と考えている人**
- **誘惑や欲望の罠に陥る金持ち志願の人間**
- **金銭を愛して切望し、信仰から離れてしまう人間**
- **尊大、傲慢な金持ち**
- **神ではなく、この世の富に望みをかける人間**
- **善行を施さない金持ち**
- **気前よく分け与えない金持ち**

つまり、パウロは、「信仰があって心が満たされていて、富を求めるからではなく、神に触発された勤労意欲を原動力として働き、その成果として富を得ても傲慢になることなく、善行を尽くして気前よく寄付する金持ち」のことは批判してはいません。

ですから、保守派キリスト教徒たちは、パウロのこの手紙は「信仰心に満ちて天職に励み善行を施し、寛大に寄付することは神を称える行為である」と教えるものだと解釈しているのです。

逆説的なこの解釈法、実に興味深く思います。

お金持ちも信仰があれば天国に入れる

マタイ、マルコ、ルカによる福音書に出てくる「金持ちが天国に入るより、ラクダが針の目を通るほうがたやすい」というイエスの一言は、どう見てもお金持ちバッシングとしか読み取れないと思うのですが、保守派キリスト教徒たちは違う解釈をしています。

彼らの考え方を理解するために、まずルカによる福音書19章に出てくるザアカイの話をご紹介しましょう。

取税人の頭で金持ちのザアカイの家に泊まることにしたイエスは、人々から「罪人の客人になる」と非難されます。

すると、ザアカイは「主よ、ごらんになってください。私は私の財産の半分を貧しい人々に施し、もし誰かから不正な取り立てをしていたら、4倍にして返します」と言い、イエスは彼に「今日、救いがこの家に来ました。この人もアブラハムの子なのですから。人の子が来たのは、失われた人を探し出して救うために来たのです」と告げる、というお話です。

取税人の頭の金持ちで、おそらく不正をはたらいて必要以上の税金を取り立てていたであろうザアカイは、イエスに会ったとたんに自主的に改心して、自分の財産の半分を貧民に分け与え、不正に徴収した税金を4倍にして返すことで救いを得ました。

これを踏まえて、次に問題のラクダの譬えが出てくる部分を見てみましょう。

同じ話がマタイ、マルコ、ルカによる福音書に出てきますが、ここではザアカイが出てくるルカによる福音書18章18節~30節を見てみましょう。

ある役人がイエスに尋ねた。「良い師よ、永遠の命を得るには何をしたらいいのでしょうか?」イエスは言った。「なぜ私を『良い』と言うのですか? 良いのは神のみです。あなたは戒めを知っていますよね。『姦淫するな、殺すな、盗むな、偽証するな、子供の頃から守っています』」するとイエスは言った。「それらのことは、子供の頃から守っています」

イエスはこれを聞いて、彼に言った。「あなたにはまだ一つやるべきことがあります。持ち物をすべて売り払い、貧しい人々に分け与えなさい。そうすれば天に宝を積むことができます。その後で私について来なさい」彼はこの言葉を聞いて大いに悲しんだ。彼は小金持ちだったからだ。イエスは彼を見て言った。「富める者が神の国に入ることはなんと難しいことだろうか。富める者が神の国に入るより、ラクダが針の穴を通るほうが簡単だ」

これを聞いた人々が「では、誰が救われることができるのですか?」と尋ねると、イエスはこう答えた。「人にはできないことも神にはできます」

ペテロが言った。「ごらんになってください。私たちは自分のもの全てを捨てて、あなたに従いました」イエスは彼らに言った。「あなたがたに真実を告げましょう。神の国のために家、妻、兄弟、両親、子を捨てた者はみな、必ずこの世でその何倍も受け、後の世では永遠の命を授かるのです」

リベラルな人間はこの記述を読んで、「やっぱりイエス・キリストは社会主義的な思想の持ち主で金持ちを非難し、真のキリスト教徒はコミューンのような社会で貧乏な生活を送っていた」と思うでしょう。

しかし、保守派キリスト教徒は、全然そうは思っていません。

彼らは、前出のザアカイと対比してこの記述を解釈し、この逸話の教訓は「自主的に改心せず、自発的に寄付をせず、地上の財産に固執する人間は神の国に入れない」ということだと確信しています。

ラクダの譬え話も、全ての金持ちが天国に入ることは難しい、と言っているわけではなく、金持ちはお金に固執しがちなので天国に入りにくい、と言っているだけだと解釈しています。

逆に言うと、お金に固執せずに、自由意志で富を分け与えて、神に畏怖と敬愛の念を抱いている金持ちは神の国に入れる、ということです。

全く同じ記述なのに、解釈の仕方が正反対ですから、聖書ってロールシャッハ・テストみたいで面白いと思いませんか？

とにかく、「自由意志で自ら率先して喜んで気前よく富を分け与える」というのは、まさに保守派キリスト教徒の経済観念のキーワードであることは間違いありません。

また、彼らは、リベラルな人々の「イエスが富の再分配という社会主義的な思想を持っていて使徒たちと托鉢《たくはつ》の旅をしながら暮らしていて、真のキリスト教徒にもそういう暮らし方を求めた」という解釈を一笑に付しています。

保守派の人々は、「全員が世捨て人のようになって托鉢修道士になることは理論的に不可能（誰かが畑を耕して家畜の世話をしなければ、托鉢修道士に食物をあげる人がいなくなってしまう）なので、托鉢修道士を助けるための勤労も当然必要で、勤労は賞賛されるべき行為である」と信じています。

「全員が托鉢修道士になったら、そもそも托鉢という活動ができなくなる」というご意見、あまりにも冷静でロジカルです。

読者のみなさんの中には、恐竜が人間と暮らしていたと本気で信じている人々が、こんなに論理的だったとは、とちょっと驚いている方もいらっしゃるのではないでしょうか？

貧しい人々の救い方

貧しい人々の救い方に関する記述も、リベラル派と保守派キリスト教徒では全く違う解釈をしています。まず、レビ記で主がモーゼに言った言葉を見てみましょう。

あなたたちの土地の穀物を刈り入れるとき、畑の隅まで刈ってはいけない。また、穀物の落ち穂を拾ってはいけない。貧者と在留異国人のためにそれらを残しておかねばならない。私はあなたたちの神、主である。（レビ記23章22節）

リベラルな人々は、神のこの教えは社会主義的な富の再分配であると解釈しています。

しかし、保守派キリスト教徒は、持てる者たちのおこぼれが持たざる者たちに回ってくる、というこの教えこそ、まさにレーガン政権時代の好景気の原動力となったトリクルダウン効果（規制緩和や減税で金持ちや大企業が儲かれば、そのおこぼれが中流以下に回ってきて、社会全体が豊かになる）のことである、と確信しているのです。

キリスト教徒が神を信じて、神から授かった資源や才能をフル活用して畑の面積を増やせば、落ち穂の数も増えるので、結果的に貧者もより多くのおこぼれをもらえることになる、ということです。

これまた、全く正反対の解釈法です。聖書って、だまし絵みたいだと思いませんか？

この絵（ルビンの盃《さかずき》）を見て、向かい合っている横顔が見えたり、盃が見えたりするのとよく似ています。それぞれ自分たちのイデオロギーという「色眼鏡」を通して聖書を読んでいるので、全く同じ文章を読んでも、正反対の解釈をしてしまう、ということなのです。
人々の心を一つにまとめるはずの聖書が、両派の溝を深める道具となっているのは、本当に皮肉な結果としか言いようがありません。
それにしても、レビ記で神がモーゼにトリクルダウン理論を教えていたとは、まさに開眼モノの大発見です。

富は信仰心と管理能力へのご褒美

ザアカイの話のすぐ後に出てくるミナの譬え話（ルカによる福音書19章11節〜27節）を見てみましょう。

彼ら（人々）がこうしたことに耳を傾けているとき、イエスはさらに一つの譬え話をしました。なぜならイエスがエルサレムに近づいていて人々が神の国がすぐにやって来ると思っていたからです。イエスは言いました。

「高貴な生まれの人が王の位を受けるために遠い国に旅立つことになりました。彼は10人の僕《しもべ》を呼んで10ミナを渡し、『私が帰ってくるまで、これを使って商売をしなさい』と言いました。しかし、人々は彼を憎んでいて、後で使者を送って、『我々は彼が王になることを望んでいない』と言いました。彼は王の位を受けて帰って来て、金を与えた僕たちを呼んで来させて、どれだけの利益を得たかを知ろうとしました。最初の僕が来て、こう言いました。『ご主人様、あなたの1ミナで10ミナ稼ぎました』主人はこう答えました。『良い僕よ、よくやった。おまえは小さなことに対して忠実だったから10個の町を支配しなさい』二人目が来てこう言いました。『ご主人様、あなたの1ミナで5ミナ稼ぎました』主人はこう答えました。『おまえは5つの町を支配しなさい』別の僕が来て言いました。『ご主人様、あなたの1ミナです。布に包んでしまっておきました。あなたは自分が預けたのではないものを取り上げ、自分で蒔《ま》いたのではないものを刈り取る厳しい人なので、怖かったからです』

主人はこう答えました。『悪い僕だ。おまえの言葉によっておまえを裁こう。私が預けないものを取り上げ、蒔かないものを刈り取る厳しい人間だと知っていたのなら、なぜ私の金を銀行に預けなかったのか？　預けていたら、私が帰ってきたときに私は利息付きで受け取れたであろうに』そして彼はそばに立っていた人々にこう言いました。『彼から1ミナを取り上げて、10ミナ持っている人にあげなさい』彼らが、『ご主人様、彼はすでに10ミナ持っています』と言うと、主人はこう言いました。『確かにそうだが、持てる者はさらに与えられ、持たざる者は、持っている物までも取り上げられるのだ。私が王にならないことを望んだ私の敵たちをここに連れて来て、私の前で打ち殺せ』

ミナは貨幣単位で、使用人のような地位の人々の3か月分の給料に値します。

クリスチャンの多くは、この譬え話は「イエスがこの地を去ってから再臨するまでの間、キリスト教への信仰をうまく活用して精神的な富を築いた人々は、再臨したキリストからご褒美をもらえるが、そうでないキリスト教徒は罰せられる」という意味だと解釈しています（高貴な生まれの人＝イエス、旅＝イエスが磔《はりつけ》になってから再臨するまでの間、敵＝パリサイ人やユダヤ教の司祭長など、イエスを憎んでいた人々やイエスを反乱分子だと思っていたローマ人・非信者など、高貴な人の帰還＝キリストの再臨）。

つまり、10人の僕とはキリスト教徒全体のことを指し、1ミナは神からキリスト教徒に与えられる信仰の力や信頼感の象徴のようなもので、その活用度（それをうまく使いこなせるかどうか）によって神からのご褒美が異なる、というわけです。

しかし、保守派キリスト教徒は、この逸話からこうした比喩的な意味の他に文字通り「経済面で勤勉であれ」という金銭的な教えも読み取っています。

そして、信仰の力と管理力を最大限に利用して神から授かった元手を増やせば、神に褒められる、と考えているのです。

イエスはクリスチャンたちにいくらかのお金を与えて、誰が信仰心と管理能力があるかを試し、「お金持ちになった人＝信仰心と管理能力のある人」にさらに大きな責任を与える、ということです。

さらに彼らは、〈悪い僕〉の「あなたは自分が預けたのではないものを取り上げ、自分で蒔いたのではないものを刈り取る厳しい人」という一言を、「まさに労働者が資本家を批判するマルクス主義の思想である」と指摘し、だから社会主義思想は反キリスト教的である、と言っています。

そして、〈悪い僕〉の被害者意識や失敗を恐れて投資しないというネガティヴな思考プロセスを批判し、「神のために賢く勇敢に投資して経済的に成功を収めることはクリスチャンらしい行為である」と思っているのです。

また、主の一言「持てる者はさらに与えられ、持たざる者は、持っている物までも取り上げられるのだ」は、キリスト教が資本主義の基本概念を肯定している証拠である、と主張しています。

神から授かった能力と元手を信仰の力で賢く活用（勤労＝信仰の証《あかし》）した人が成功してご褒美を得て、信心深い人はさらに成功を収め続けてさらなるご褒美を得るのは当然の結果、ということです。

主からのご褒美が紅海のリゾート地への3泊4日の休暇とかヨルダン川下りの船旅とかではなく、町の支配権（管理責任）である、という部分も見逃してはいけません。

保守派キリスト教徒は、ここからも「管理能力や責任感を必要とする町の支配権がご褒美であるということは、切磋琢磨して管理能力を磨き、経済的に成功を収めることは神の意志であるという証拠だ」と読み取っているのです。

実は、この譬え話は、保守派キリスト教徒が民主党の経済政策を批判するときに最も頻繁に引用されている逸話です。

主が10人の僕に同じ額のお金を与えたが、活用した信仰の力、能力によって受け取る報酬が異なった、という骨子は、見事に「アメリカは機会均等であるべきだが、生産的か非生産的かによって結果が不均等になるのは当然のこと」という共和党の経済概念を代弁しているかのようです。

そのため、アメリカがキリスト教の国だと信じている人々は、黒人優遇政策（非黒人にとって機会不均等）を推し進め、金持ちに重税をかけて能力に関係なく富を再分配して結果均等を目指す民主党を反キリスト教的だと批判しているのです。

ちなみに、イエスの最後の一言が非常に好戦的で、不信心者に対するイエスの厳しい側面が強調されていることも、この譬え話が保守派キリスト教徒にウケる理由の一つと言えるでしょう。

次に、ミナの譬え話と常に対をなして語られるタラントの譬え話（マタイによる福音書25章14節〜30節）をご紹介しましょう。

エルサレム入りしたイエスは、こう語っています。

「天の国は、また、次のように譬えられます。ある人が旅行に出かけるとき、僕たちを呼んで、彼らに自分の財産を預けました。それぞれの能力に応じて、1人には5タラント、1人には2タラント、もう1人には1タラント預けて、旅に出ました。5タラント預かった者は、さっそく出て行って、それを用いて商取引をして、さらに5タラント儲けました。2タラント預かった者も、同じように2タラント稼ぎました。しかし、1タラント預かった者は、外に出て穴を掘り、主人のお金を隠しました。

長い期間が経過した後、僕たちの主人が帰ってきて、清算を始めました。5タラント受け取った者が、さらに5タラント持って来て、こう言いました。『ご主人様、あなたは私に5タラントお預けになりました。ごらんください、5タラント儲けました』
主人は答えました。『よくやった、忠実な良い僕よ。おまえは少しの物に忠実であったから、多くの物を管理させよう。さぁ一緒に来ておまえの主人の幸せを分かち合うがよい』
2タラント預かった者もやって来て、こう言いました。『ご主人様、あなたは私に2タラントお預けになりました。ごらんください、2タラント儲けました』
主人は答えました。『よくやった、忠実な良い僕よ。おまえは少しの物に忠実であったから、多くの物を管理させよう。さぁ一緒に来ておまえの主人の幸せを分かち合うがよい』
次に1タラント受け取った者がやって来て、こう言いました。『ご主人様、あなたはご自分が蒔かないところから刈り取り、ご自分で種を散らさないところからかき集められる厳しい方だということを、私は知っていました。ですから、恐ろしかったので、出て行ってあなたの地の中に隠しておきました。ごらんください、これがあなたのお金です』
主人は答えました。『邪悪で怠け者の僕め。私が蒔かないところから刈り取り、種を散らさないところからかき集めると知っていたのか？　それなら私の金を銀行に入れておくべきだった。そうしておけば、帰って来たときに私は利息付きで受け取れたであろうに。そのタラントをこの男から取り上げて、10タラント持っている者に与えなさい。持てる者は皆さらに与えられて豊かになるが、持たざる者は持っている物まで取り上げられるのだ。この役立たずの僕を外の暗闇の中へ追い払え。そこで泣きわめいて歯ぎしりするだろう』」

タラントは古代ギリシア・ローマの重量、及び貨幣の単位（1タラント＝60ミナ）で、使用人のような身分の者の16年〜20年分の給料（文献によって年数が異なる）と言われています。

この譬え話も、多くのキリスト教徒は「イエスがこの地を去ってから再臨するまでの間、キリスト教徒は怠けずに信仰をうまく活用して精神的な富を築いたり布教したりしなければいけない」という意味だと解釈しています（ある人＝イエス、僕たち＝信者、長期の旅＝イエスが磔《はりつけ》になってから再臨するまでの間、ある人の帰還＝キリストの再臨）。

しかし、保守派キリスト教徒の一部はこの解釈の他に、「能力に応じた金儲けも大切」という文字通りの解釈もしているのです。

前述のミナの話もこの話も、努力をした生産的な人々がご褒美をもらい、怠惰で非生産的な人が罰せられる、という点は同じです。

ところが、タラントの話は、人々がそれぞれ異なる能力を備えている、ということが大前提になっていて、能力に応じて預けられるお金の金額も違っています。

ですから、一見したところでは機会均等ではないように見えますが、クリスチャンのほとんどが、「神を信じるチャンスは誰にでも与えられているので機会は均等である」と解釈しています。

保守派キリスト教徒とリベラルなキリスト教徒で解釈が異なるのは、5タラントを預かった者と2タラントを預かった者のご褒美が同じかどうか、という点です。

民主党系のリベラルな人々は、二人に対する主人の褒め言葉が全く同じであることを指摘して、「能力よりも努力が大切である。異なる能力で異なる成果をあげた二人が、同じご褒美をもらった」と解釈し、この話を社会主義的政策（富の再分配、結果平等主義）を正当化するために役立てようとしています。

しかし、保守派キリスト教徒は、「最終的なご褒美（主人と幸せを共有＝キリスト再臨の後、天の国で永遠の命を得る）は能力に関係なく、篤《あつ》い信仰心があり努力をすれば得られるが、この世では能力と努力に応じて経済的成功度が異なる」と解釈しています。

5タラントを預かり5タラントを儲けた者と2タラントを預かって2タラントを儲けた者に対して、主人は確かに同じ褒め言葉を与えています。

しかし、話の流れからすると、おそらく5タラントを儲けた僕は2タラントを儲けた僕よりも多くのものの管理を任されることになると思われるので、能力の違う者たちが全く同じご褒美を得る、というわけではなさそうです。

今より多くの物の管理を任される、という点では同格のご褒美と言えますが、管理を任される物の質量は同じとは思えないので、確かにこの世では結果均等ではなさそうに思えます。

どちらにせよ、このお話の基本的な教訓は、「人は皆それぞれ異なる能力を持っているが、何よりも努力が大切なので、自分の能力に応じて神に委託された資源を最大限に活用すべし」ということです。

そこで、保守派キリスト教徒は、文字通りに「人は皆それぞれ異なる能力を持っているが、自分の能力に応じて神に委託された資源を最大限に活用して金儲けをすることは神の意志にかなっている」と信じている、というわけなのです。

ミナの話と同じで、ここでも「金持ちはさらに金持ちになり、持たざる者はさらに貧乏になる」という資本主義の短所が正当化されている点も忘れてはいけません。

また、金儲けをしなかった僕に対して「怠惰」「役立たず」といった形容詞が使われていて、この僕が外の暗闇の中に放り込まれて泣きわめいて歯ぎしりすることを余儀なくされる、という懲罰を受けていることにもご留意を。保守派キリスト教徒は、非生産的な怠け者を厳しく罰する好戦的で厳格なイエス・キリストのイメージがとても好きなようです。

保守派のクリスチャンがよく引用する聖書の記述

「篤《あつ》い信仰・善行に対するご褒美としての富を肯定」「信仰の篤い者には富が与えられる」といった考え方は、レッド・ステイターの経済観念の2本の支柱です。

以下、彼らの経済観念の礎《いしずえ》となっている聖書の言葉を項目別にご紹介しましょう。

信心深く求めれば、与えられる

〈マタイによる福音書7章7節～11節で語られるイエスの言葉〉

求めよ、さらば与えられん。探せよ、さらば見つからん。叩けよ、さらば開かれん。求める者は誰もが（求めているものを）得て、捜す者は誰もが見いだし、門を叩く者全員に門が開かれるのです。あなたがたの中で、自分の子供がパンを求めているのに石を与える人がいるでしょうか？　魚を求めているのに蛇を与える人がいるでしょうか？　あなたがたは、たとえ悪人であろうとも、自分の子供によい贈り物をするということを分かっているのですから、天にましますあなたがたの父はなおのこと、求める者に良いものを与えるのです。

保守派キリスト教徒は、イエスのこの言葉を根拠に「信仰の篤い者は、神に懇願し、富を得る」と考え、「勤勉で敬虔なキリスト教徒はご褒美として金持ちになれるはず。金持ちになれないのは、信仰心が足りないから」と考えるのです。

とはいえ、彼らは決して「私をお金持ちにしてください」と祈っているというわけではありません。彼らの多くは、本当に敬虔なキリスト教徒で、「クリスチャンとして自分の子供たちにキリストの教えをしっかり教えたい」「クリスチャンとして正しい生き方をして慈善活動や布教活動をしたい」などと思っており、それを実現させるための資金を神が授けてくれるはず、と信じているのです。

富は神からの贈り物

〈コリント人への第二の手紙9章6節~9節〉（使徒パウロが聖徒たちに対する資金援助に関して指示した書簡）

覚えておきなさい。少しだけ蒔《ま》く者は少しだけ刈り取り、豊かに蒔く者は豊かに刈り取るのです。各々が、いやいやながらでもなく、強制されてでもなく、自分の心で決めた通りに与えなさい。喜んで与える人を神は愛してくださるからです。神はあなたがたが常に全てのことに満たされて、全ての良きわざに溢れる者とするために、あなたがたにあらゆる恵みを豊かに与えることができるのです。「その人は、貧しい人々に散らして与えた。その義は永遠に続くであろう」と記されている通りです。

パウロは聖徒への援助に関する話をしているので、神が与えてくれる「あらゆる恵み」にはお金や物質的な富も含まれていると考えるべきでしょう。

ですから、この記述も「信じる者はお金持ちになって当然＝富は神からの贈り物」という考え方を正当化するものだと思っている人がいてもおかしくないでしょう。

パウロが引用しているのは詩篇１１２章の9節で、「その人」とは「寛大で気前よく人に貸し、正義にかなった行動をとる人」のことです。

気前よく与える限り、〈富は悪ではない〉ということです。

勤労の成果としての富は当然の報い・神の恵みであると共に称賛されるべきものである

〈ルカによる福音書10章7節〉

働き人がその報いを得るのは当然である。


イエスが、彼に従う人々に言った一言です。

読んで字のごとく、勤労の成果として与えられる賃金や物質的な報いは、当然のこととして受け取る権利がある、ということです。

〈箴言《しんげん》10章4節〉（ソロモンの箴言）
怠ける手は人を貧しくし、
勤め働く手は富をもたらす。

〈箴言12章14節〉
賢い言葉は良い物をもたらし、
勤労は報いをもたらす。

怠惰を戒め、勤勉を奨励

〈箴言13章4節〉
怠け者はどれほど求めても満たされないが、
勤労は有り余るほどの報いを受ける。

〈箴言14章20節～23節〉
貧しい者は隣人からさえも憎まれるが、
富める者を愛する人は多い。
隣人を軽蔑する者は罪人だが、
貧しい人を憐れむ者は祝福を受ける。
悪を企《たくら》む者は道を誤るのではないか？
しかし善を計る者には愛と信頼を見いだす。
全ての勤労には利益がある。
言葉だけの人間には貧困が訪れる。

〈箴言28章19節～20節〉
自分の畑を耕す者は豊富な食糧を得るが、
無益なことにふける者は貧乏になる。
忠実な人は豊かな報酬を得るが、
楽に金儲けをしようとする者は罰を免れない。

〈箴言21章5節〉
勤勉な計画は利益につながる。
あわてる者は貧しくなる。

〈箴言20章13節〉
眠りを愛してはならぬ。そうすると貧しくなる。
目を開け。そうすればパンに満たされる。

〈箴言22章29節〉
上手に働く者を見よ。
その人は王の前に立つが、
卑しい者の前に立つことはない。

「上手に働く者」とは、真剣に仕事に取り組んで、仕事を能率よく仕上げる人のことです。
こういう人は王（とか身分の高い人、偉い人、上司など）に認められて、出世をして、社会の底辺に身を置くことはない、ということです。

怠け者は神の敵、怠惰は貧乏の元

〈テサロニケ人への第二の手紙3章10節〉（使徒パウロの言葉）
働かない者に食べさせてはいけません。

〈箴言6章6節～11節〉
怠け者よ、アリのところに行って
その生き方をよく見て、賢くなれ。
アリには司令官も
監督官も、支配者もいないが、
夏の間に食糧を確保し、
収穫時に食物を集める。
怠け者よ、いつまで寝ているのか？
いつになったら眠りから覚めるのか？
しばし眠って、しばしまどろみ、

手を胸に当ててはまたしばし休む。
だから貧困が流れ者のようにおまえに訪れ、
欠乏が武装した者のごとくおまえに襲いかかる。

前半はイソップ物語の「アリとキリギリス」みたいですが、後半はさらに激しく怠け者を叱咤《しった》しています。実は、この後半部分は箴言24章でも繰り返されています。
〈箴言24章30節～34節〉
私は怠け者の畑と思慮なき者のぶどう園のそばを通った。
茨《いばら》が一面を覆い、
地面は雑草で覆われ、
石垣は壊れていた。
私は目にしたことを心にとどめ、
この光景から教訓を得た。
しばし眠って、しばしまどろみ、
手を胸に当ててはまたしばし休む。
だから貧困が流れ者のようにおまえに訪れ、
欠乏が武装した者のごとくおまえに襲いかかる。

〈箴言10章5節〉
夏の間に収穫する者は賢い子で、
刈り入れ時に眠る者は恥ずべき子だ。

〈箴言20章4節〉
怠け者は寒いときに耕さない。
ゆえに刈り入れの時になって求めても何もない。

この二つもイソップ物語の「アリとキリギリス」の話にちょっと似ています。

〈箴言12章24節〉
勤労な者の手は支配し、
怠け者は奴隷と化す。

〈箴言15章19節〉
怠け者の道は茨で妨害されるが、
正しい者の道は障害のない平らな道である。

これを経済に当てはめると、正しい者はビジネスの世界でもどんどん出世する、という意味にもとれます。

〈箴言18章9節〉
自分の仕事を怠る者は、破滅をもたらす者の兄弟である。

怠け者は破滅する、ということですが、福音主義者の多くは、「経済的に破滅した人（貧乏人）は怠け者だったから」という意味に捉えがちです。

〈箴言10章26節〉
怠け者は、これを遣わす者にとって、
歯を痛める酢、目を悩ます煙のようだ。

怠け者がいかに有害で迷惑な存在かを鮮明に表現しています。

〈箴言21章25節〉
怠け者の欲望は死をもたらす。
その手が働くことを拒むからである。

働くことを拒否して、欲ばかりがある怠け者は死ぬ――献金集めのパーティばかり開いている悪徳政治家に神の裁きを下していただきたいものです。

〈箴言21章17節〉
快楽を愛する者は貧しくなる。
葡萄酒と油を愛する者は富むことはない。

昔は葡萄酒と油は贅沢品だったので、これは中流階級の人やお金持ちも怠けていたり贅沢ばかりしていると貧乏になるぞ、という警告です。

〈箴言19章15節〉
怠惰は深い眠りを招き、
怠け者は空腹に苛《さいな》まれる。

怠けて眠ってばかりいると飢えてしまう――ごもっともです。

貧乏は神からの罰

〈箴言13章18節〉
訓戒を無視する者は貧乏と恥に見舞われ、
叱責に注意を払う者は讃えられる。

神の戒めを守らなかった人が、その罰として貧乏になる、ということです。

そもそも怠け者は神の敵だと思っている保守派キリスト教徒の中には、「貧乏は神が不信心者に与えた罰則だ」と信じている人すらいるので、福祉を快く思わないのは当然の結果でしょう。

第十一章　税金はアンチ・クリスチャン

Public Opinion Polls

●ラスムッセン社が2010年4月2日～3日に1000人の有権者を対象に行なったアンケート

あなたの考え方はティー・パーティ（小さな政府、減税、支出削減）とオバマのポリシー（大きな政府、増税・支出拡大）のどちらに近いですか？

ティー・パーティに近い……………………48%

オバマに近い………………………………44%

無回答・分からない………………………8%

クリスチャンが払うべき税金は「神への奉納金」と「十分の一税」のみ

2010年の秋、オバマ政権が年収25万ドル以上の家庭には課税すると発表したとき、ビル・ゲイツの家族や投資家のウォーレン・バフェットやジョージ・ソロス、グーグルのCEOエリック・シュミットなどのリベラルな大富豪たちが、「金持ちに重税を課すのは当然のこと」と主張しました。

このとき、保守派キリスト教徒たちは、「彼らが真のクリスチャンだったら、自由意志で何億ドルもの小切手を切って、無料で貧者や失業者を救済する施設などを造ったであろうに」と嘆いていました。

マイクロソフトやグーグルは、アメリカの税法の抜け穴をうまく利用して資産を海外に移し、いわば合法的な脱税をしています（2010年10月21日付けの「ブルームバーグ」の記事によると、「アメリカの大企業が税法の抜け穴を利用して逃れている税金の総額は年間600億ドルにものぼる」ということです）。

ですから、保守派キリスト教徒たちは、インサイダー取引などのいかがわしい手段で金持ちになったと思われているソロス氏や合法的脱税をしているゲイツ一家やシュミット氏がオバマ氏や民主党に巨額の献金をし、「金持ちはもっと税金を払うべき」と主張することなど偽善以外の何物でもない、と憤激しているのです。

マイクロソフトやグーグルなどの大企業が正当な税金を払えば、わざわざ増税などしなくても、年に600億ドルの税金が収められるわけですから、自分の悪事を棚に上げて善人ぶって増税に賛成する金持ちに対して保守派キリスト教徒が怒りを感じるのも当然のことでしょう。

レッド・ステイターたちは、税金は最小限にとどめるべきである、と考えています。

そして、金持ちや大企業に重税を課して、その税収を貧富の差の是正や福祉のために使う民主党の政策は「富の再分配＝社会主義」であり、キリスト教の精神に反する、と信じています。

保守派キリスト教徒が正当であると認めている税金は神への奉納金と十分の一税の2種類だけです。

神への奉納金は、聖書の時代に成人男性に課せられていた人頭税のようなものです。

十分の一税は、ユダヤ教では司祭とレビ族の人々（ユダヤ神殿に仕える人々）に収穫物の10分の1を納める、というしきたりに由来します。

キリスト教では、最初は信者が自主的に支払っていましたが、ヨーロッパでは8世紀に支払いが義務づけられました。

フランスではフランス革命が起きた1789年、アイルランドでは1871年、イタリアでは1887年、英国では1936年に廃止されましたが、オーストリアやデンマーク、フィンランドでは、今でもクリスチャンは収入の1%を、ドイツでは8%ほどの「教会税」を払うことが義務づけられています。

十分の一税は、教会を通じて貧者救済や教育などのために使われていました。

まず、神への奉納金に関する聖書の記述をご紹介しましょう。


〈出エジプト記30章11節~15節〉

主はモーゼにこう告げた。

「あなたがイスラエルの民の数の統計をとるとき、登録される人間は各自の贖《あがな》い金を主に納めなければならない。登録されることによって彼らに災いが起きないようにするためである。登録される者はみな、聖所のシケルで半シケルを払わなければならない。1シケルは20ゲラである。この半シケルは主へ捧げるものである。登録される20歳以上の者はみな、この奉納物を主に捧げなければならない。あなたがたの命を贖うために主に捧げものをするとき、富める者も半シケル以上払ってはならず、貧しい者もそれより少なく払ってはならない」


当時のイスラエルでは、戦争に備えて兵士を募るために人口調査が必要で、登録される20歳以上の者、とは20歳以上の男性でした。

ですから、20歳以上の男性は全員が半シケルを神に納めた、ということです。

命の贖い金を払ったからと言っても、これを払えば魂が贖われる、というわけではなく、信者の魂を贖ってくれる神へ敬意を表するための捧げ物で、ユダヤ教の神殿の管理費や儀式のために使われました。

様々な聖書学者の研究によると、半シケルは現代のお金に換算すると3ドルほどということなので、かなり少ない額でした。

ここでいちばん重要なのは、最後の「富める者も半シケル以上払ってはならず、貧しい者もそれより少なく払ってはならない」という部分です。

神の前では富める者も貧しい者も一人の人間であり、貧富の差は関係なく、平等に扱われる、ということです。

保守派キリスト教徒は、この記述を根拠として、「聖書は累進課税を禁じている。累進課税は神への冒瀆」と主張し、さらに「神への奉納金さえもこんなに安いのだから、神のもとにある政府への税金も最小限にとどめられるべきだ」と主張しています。

次に十分の一税に関する記述を見てみましょう。

〈民数記18章21節（主がモーゼの兄、アーロンに言った言葉）〉

「私は、レビ族の者に、彼らが会見の天幕の奉仕をする報いとして、イスラエルの十分の一を相続財産として与える」

会見の天幕とは、移動可能なユダヤ教の神殿のことです。神は、

・今後はイスラエルの民は会見の天幕に近づいてはならない。近づくと罪を得て死ぬことになる。
・会見の天幕の奉仕をできるのは、レビ人のみである。
・イスラエル人の中で、レビ人だけは相続財産を持ってはいけない。

とレビ人に告げたとアーロンに言った後、今度はモーゼにこう言います。

〈民数記18章26節〉
「レビ人に言い聞かせなさい。『私がイスラエルの民から十分の一を取ってあなたがたに与えるとき、あなたがたはこれを相続財産として受け取りなさい。そして、この十分の一の十分の一を主への奉納物として捧げなさい』」

イスラエルの民から十分の一とは、イスラエルの民の収穫の十分の一、という意味です。保守派キリスト教徒は、聖書のこの記述をもとに、「神の意にかなう所得税は10%が限度である」と信じています。

そして、それ以上の税率については「神でさえも10%しか要求していないのに、たかが人間の政府が神以上の税金を要求するなどもってのほか」と言って怒っているのです。

保守派キリスト教徒は「富は勤労に対する神からのご褒美」と考えているので、キャピタル・ゲイン税、所得税に関しては、

・神からのご褒美に税金をかけるなんて、神に対する侮辱である。
・神の道に従って富を得た者を罰するとは、神をも恐れぬ邪悪なものである。
・富を築こうとする（＝神の道を歩もうとする敬虔な行為の副産物）意欲をそぎ、人々を神の道から遠ざけるもの。
・富（神からのご褒美）を得ようとする行為にインセンティヴを与えないと、人は怠惰になる。怠惰は7つの大罪の一つなので、税金は大罪を招くものである。

と思っています（「7つの大罪」とは、嫉妬、憤怒、貪欲、怠惰、傲慢、情欲、大食の7つです）。

その他の税金は神への冒瀆

固定資産税も、神に対する激しい冒瀆です。

この世のものは全て神のものなのですから、世俗の政府が神の所有物に税金をかけるなんて、身のほど知らずのとんでもない愚行、ということです。

ブッシュ政権が推奨した死税廃止（遺産相続税廃止）を支持する根拠も聖書に見いだすことができます。

〈詩篇112章1節～3節〉

主を讃《たた》えよ。

主を恐れ、主の戒めを大いに喜ぶ者は
幸いである。
その者の子孫は地上で力強い者たちになり、
正しき者たちの世代は祝福されよう。
繁栄と富はその家にあり、
善行は永遠に消えることはない。

聖書に書かれていることは全て真実だと信じている人たちにとっては、詩篇（神を讃える詩）のこのくだりも彼らの経済観念を正当化してくれる大事な記述です。

信仰が篤《あつ》く、神の命令を守る人たちのみならず、彼らの「子孫」も有力者になって、彼らの「家」に繁栄と富がご褒美として与えられる、つまり、正義を行なう敬虔な人が一人いれば、その子孫は安泰、ということです。

しかし、「正しき者」の子孫に「悪《あ》しき者」がいた場合は、どうなるんだろう、という疑問が残ります。

〈箴言13章18節〜25節〉
教訓を無視する者には貧困と恥が訪れるが、
戒めを受け入れる者は尊ばれる。
望みがかなうことは快い。
愚か者は悪から離れられない。

賢者と歩く者は賢くなり、
愚か者の友は害を受ける。
災いは罪人を追いかけ、
繁栄は正しき者に報いられる。
善良な者は子孫に遺産を残し、
罪人の財産は正しき者たちのために蓄えられる。
貧者の畑が多くの食糧を生産しても、
正義がなければ滅ぼされてしまう。
自分の子供に鞭を控える者は子を憎む者である。
子を愛する者は小さいうちから懲らしめる。
正しき者は食べて食欲を満たし、
悪しき者は腹を空かせる。

聖書に「善良な者は子孫に遺産を残す」と明記されているのですから、遺産相続税は神への冒瀆、ということです。

「愚か者や悪者は、悪しき選択により災いが振りかかり、貧乏になる（腹を空かせる）＝自業自得」というメッセージが強く現れています。

保守派キリスト教徒たちは、「信じる者は救われる」というポジティヴ思考なので、敬虔な心を持ってしっかり働けばいつか自分たちも大金持ちになれる、というアメリカン・ドリームを信じている人が多いのです。

ですから、現時点でいかに貧しくとも、あるいは中産階級であっても、いつか自分たちが大金持ちになったときに相続税をかけられたくない、という思いが強いため、相続税には絶対反対なのです。

しかも、彼らは、金持ちに重税の相続税をかけて富の再分配をすることは、金持ちに対する「嫉妬」に起因する、と考えています。

嫉妬はキリスト教徒にとっては「7つの大罪」のうちの一つなので、相続税は邪悪だと本気で信じているのです。

勤労のインセンティヴとして報酬を与えるのは当然のこと

〈コリント人への第一の手紙9章9節〜10節〉

モーゼの律法にこう書いてあります。「脱穀作業をしている牛が穀物を食べないように口輪をかけてはいけない」。神は牛のことを気にかけているのでしょうか？　神は私たちのためにこう言っているのです。「耕す者も脱穀する者も、収穫の分け前をもらう望みを持って仕事をしなければならないのです」（引用されているモーゼの律法は、申命記25章4節の一言）

リベラルな人は、この記述を「地主の搾取から小作人を守る」という社会主義的な富の再分配を勧めたもの、と解釈しがちです。

しかし、保守派キリスト教徒たちは、これは政府が課す様々な税金、特に所得税を批判したものだと信じています。

そして、「税金が高い＝報酬が減る＝インセンティヴが減る＝勤労意欲が失《う》せる」と主張し、高い税金はアンチ・クリスチャンだと言っています。

神のみに仕えるべき真のクリスチャンは政府（人間世界の権威）が課した税金を払うべきか

民主党が政権を取って政策が左に傾き、重税が課せられるたびに、保守派キリスト教徒は、「神のみに仕えるべき真のクリスチャンはこの世俗の政権が課している税金を払うべきだろうか？」と真剣に悩んでいるのです。

世俗の政府が課した税金を払うべきかどうかに関して、いちばんよく引用される聖書の記述を見てみましょう。


〈マタイによる福音書22章15節～22節〉

すると、パリサイ人たちが出てきて、どうしたらイエスを言葉の罠にかけられるだろうか、と相談した。

彼らは、自分たちの弟子をヘロデの支持者たちと一緒にイエスのもとに送り、こう言わせた。「先生、あなたは高潔な方で、真理に基づき神の道を教える方だと、私たちは存じています。あなたは人を見てえこひいきをする方ではないので、人を分け隔てすることがありません。ですからあなたのご意見をお聞かせください。シーザーに税金を納めることは律法にかなっているでしょうか、それともかなっていないでしょうか？」

イエスは、彼らの悪意に気づいていたので、こう言った。「偽善者どもよ、なぜ私を試そうとするのか？納税に用いるコインを私に見せなさい」

彼らはディナリを一枚持ってきた。イエスはこう尋ねた。「これは誰の肖像、誰の銘ですか？」
彼らは「シーザーのです」と答えた。そこでイエスは彼らに言った。「シーザーのものはシーザーに返しなさい。
そして、神のものは神に返しなさい」
彼らはこれを聞いて驚嘆し、イエスを残して立ち去った。

この問答がどこで起きたか聖書には明記されていませんが、21章ではイエスは宮（ユダヤ教の神殿）の中にいたので、この出来事の舞台は宮の近くである、というのが聖書学者、信者のコンセンサスです。

当時のイスラエル（ジュデア）はローマ帝国の管理下にあったので、宮の近くではユダヤ人の反乱などが起きないようにローマ軍の兵士が見張りをしていたと思われます。

ヘロデの支持者とは、当時のユダヤ人の王、ヘロデ・アンティパスの支持者のことですが、この王は実際にはローマ帝国の傀儡《かいらい》でした。

一方、パリサイ人はモーゼの律法を厳守することを説いている人たちです。

ですから、イエスが彼らの質問に「イエス」と答えればユダヤ人を怒らせ、「ノー」と答えればヘロデ支持者とローマ兵を怒らせることになります。

そこで、イエスは、税金として納めるコインを見せてくれ、と言うのです。

このコインには、当時のローマ皇帝、アウグストゥス・タイベリアスの横顔と、「シーザー・アウグストゥス・タイベリアス、神聖なるアウグストゥスの息子」という意味の言葉が刻まれていました。

イエスはこれを見て、「シーザーのものはシーザーに返せ、神のものは神に返せ」と禅問答のようなことを言って、パリサイ人の仕掛けた罠をうまくかわします。

この一言を、リベラルな人々は「俗世の支配と神の支配の領域を分けて、両方を認めた名言で、世俗の社会で生きて世俗の政府に従ってちゃんと税金を払いながらも、精神的には神にも従って神を尊敬し敬虔な暮らしもできる、という意味」と解釈しています。

政教分離の話題になると、リベラルな人たちは必ずイエスのこの一言を引用して、「イエスは政教分離を勧め、世俗の政府と神の支配の両立が可能だと説いた」と主張します。

しかし、保守派キリスト教徒は、全く逆の解釈をしています。

彼らは、「シーザーのものはシーザーに返せ」は、シーザーのものなんて汚らわしいから関わり合いたくないので、シーザーに投げ返してやれ、という意味合いに捉《とら》えているのです。

世俗の支配者を神聖と讃えるようなコインを使っている連中は、そもそもすでに神への忠誠心を失った人たちだから、そういう裏切り者たちも、シーザーの元へ行けばいい、という意味に取っている保守派キリスト教徒も少なくありません。

そして、彼らは、イエスの答えで最も重要な部分は、後半の「神のものは神に返せ」という部分であるとし、イエスの真意は「世俗の支配者を無視して、神の道にかなった生き方をして、神に返礼しなさい」ということだ、と信じています。

平和主義の父、無抵抗主義で英国に立ち向かい、インドを独立に導いた英雄、マハトマ・ガンジーも、この一言に関してこう述べています。

彼（イエス）は相手の自信をしぼませるような軽蔑をこめてこう言ったのです。
「シーザーのコインを使って商売をする者、つまりシーザーの支配の恩恵を受けている者たちに納税を拒否

する資格があるわけがないだろう」

イエスの説教と行動は一貫して間違いなく非協力を支持していて、それには当然のことながら税金不払いも含まれます。

ガンジーが保守派キリスト教徒と同じ意見だったとはオドロキです。

第十二章　大きな政府は無責任の温床

Public Opinion Polls

●２０１０年9月13日～16日にかけて１０１９人の18歳以上のアメリカ人を対象に行なわれたギャラップ社の世論調査

あなたは連邦政府はアメリカ市民の自由と権利を脅かす存在だと思いますか？

「思う」と答えた人……………………………………46％

（内訳　共和党派の66％、無党派の49％、民主党派の21％）

●２０１０年４月18日付けのピュー・リサーチ・センターによる世論調査

あなたは、小さな政府・公共サービスの縮小と、大きな政府・公共サービスの拡大のどちらが望ましいと思いますか？

小さな政府のほうが望ましい……………………………50％

大きな政府のほうが望ましい……………………………39％

特に意見はない……………………………………………11％

●2010年1月26日～27日にかけてギャラップ社がアメリカ人の成人972人を対象に行なった世論調査

あなたにとって、政府による経済関連の規制が多すぎることと、少なすぎることのどちらが大きな問題ですか？

規制が多すぎることが問題である……………………………………57%

（内訳　共和党派の83%、民主党派の38%）

規制が少なすぎることが問題である…………………………………37%

（内訳　共和党派の12%、民主党派の57%）

特に意見はない……………………………………………………………6%

（内訳　共和党派の5%、民主党派の5%）

政府と経済の関係に関して、あなたはどう考えますか？

政府は経済規制にもっと関わるべきだ………………………………24%

（内訳　共和党派の13%、民主党派の36%）

政府は経済規制を避けるべきだ………………………………………50%

（内訳　共和党派の76%、民主党派の27%）

今のままの関係を続けるべきだ………………………………………23%

（内訳　共和党派の11%、民主党派の33%）

特に意見はない……………………………………………………………3%

●２００９年７月17日～19日にかけてギャラップ社がアメリカ人の成人１００６人を対象に行なった世論調査

オバマ・ケア（アメリカ国民、永住権所有者、その他の居住者に健康保険加入を義務づける制度）や労組への資金援助など、オバマ政権の政策に掛かる経費に関してどう思いますか？

経費が掛かりすぎる……………………………………59％

（内訳　共和党派の90％、無党派の66％、民主党派の28％）

掛かる経費はちょうどいい……………………………27％

（内訳　共和党派の５％、無党派の21％、民主党派の50％）

もっと経費をかけるべきだ……………………………11％

（内訳　共和党派の４％、無党派の10％、民主党派の17％）

特に意見はない……………………………………………３％

●２００９年３月27日～29日にかけてギャラップ社が１００７人のアメリカ人の成人を対象に行なった世論調査

大きな政府、大企業、強力な労組のうちのどれがアメリカの将来を脅かす最大の脅威だと思いますか？

大きな政府…………………………………………………55％

（内訳　共和党派の80％、無党派の59％、民主党派の32％）

大企業………………………………………………………32％

（内訳　共和党派の10％、無党派の30％、民主党派の52％）

強力な労組…………………………………………………10％

（内訳　共和党派の９％、無党派の８％、民主党派の13％）

特に意見はない……………………………………3％

●2009年3月5日〜8日にかけてギャラップ社がアメリカ人の成人1012人を対象に行なった世論調査

アメリカが抱える不況、経済問題を解決するために、政府と企業のどちらが頼りになると思いますか？

政府 ……………………………………………53％
（内訳　共和党派の29％、無党派の49％、民主党派の72％）
企業 ……………………………………………42％
（内訳　共和党派の64％、無党派の47％、民主党派の24％）
特に意見はない……………………………………5％

あなたは政府が経済にあまりに関わりすぎていると思いますか、あるいは、もっと関わるべきだと思いますか？

関わりすぎている……………………………………47％
（内訳　共和党派の84％、無党派の50％、民主党派の22％）
もっと関わるべきだ…………………………………42％
（内訳　共和党派の11％、無党派の37％、民主党派の65％）
特に意見はない………………………………………11％

あなたは連邦政府が過剰な権限を行使していると思いますか？

「はい」と答えた人 ………………………………50％

（内訳　共和党派の69％、無党派の54％、民主党派の32％）

●2008年6月15日～19日にかけてギャラップ社が1625人のアメリカ人の成人を対象に行なった世論調査

不況対策として政府が行なうべきことは次のうちのどちらだと思いますか？

A 富を平等に再分配する、B 経済・雇用状況の改善のための政策をとる

調査参加者全体 …………………… A 13％、B 84％、無回答 3％
年収3万ドル以下の人 ……………… A 17％、B 78％、無回答 5％
年収3万ドルから7万5000ドルの人 …… A 16％、B 83％、無回答 1％
年収7万5000ドル以上の人 ………… A 10％、B 88％、無回答 2％

政府は神が人間に与えた自由を束縛してはならない

アメリカ合衆国は、そもそも宗教弾圧や政治的な弾圧を逃れ、あらゆる意味での自由を求めてヨーロッパから移民してきた人々が作った国です。

建国後も、アメリカに移民してくる人の多くは、社会主義や共産主義を逃れて自由を求めてやってきたか、アメリカの自由経済の恩恵を受けて一攫千金を狙う、まさに「アメリカン・ドリーム」を求めてやってきた人々です。

ですから、アメリカの経済がいかに破綻しようがアメリカ人の多くは政府の経済介入を忌み嫌い、政府は小さければ小さいほど好ましい、と信じているのです。

自由が大好きなアメリカ人の中でも、特に小さな政府を強く信奉しているのは、自己責任、自制心、自尊心、自立、自由がキリスト教の基礎だと信じている保守派クリスチャンです。

彼らは「地上の政府よりも神の権威のほうがはるかに上である」という大前提のもとに、地上の政府の役割は、「勧善懲悪（防衛）」「善人の暮らしの保護（自由の確保）」「善人への福祉の奨励」のみだと信じています。

まず、彼らの考え方を最も的確に言い表わしているジム・ディミント氏（保守派キリスト教徒に人気のあるサウスキャロライナ州選出の共和党上院議員）の言葉をご紹介しましょう。

政府が大きい（政府の権限が広範囲に渡っている）と、神が小さくなり（神の権限が小さくなり）、価値観や道徳心が軽視されて政府の管理下に置かれることになります。でも、神が大きければ（神が大きな力を持っている社会では）、自制心があり、責任感が強く、有能で優れた人格の人々が自立した人生を送ることができるのです。

彼らのこうした信条の基礎となっている聖書の記述をご紹介しましょう。

まず、「地上の政府より神の力を重んじろ」という大前提に関してイザヤ書33章22節を見てみましょう。

主は我々の判事
主は我々の立法者
主は我々の王

我々を救うのはこの方です

次に使徒行伝4章16節～21節をかいつまんでご紹介しましょう。

ある日、ペテロとヨハネは生まれつき足の悪い男に「ナザレのイエス・キリストの名において、歩きなさい」と言って、この男の右手をとって立たせると、彼の足はたちまち強くなって歩き出し、飛び跳ねながら神を賛美しました。

この奇跡を目撃した人々に、ペテロとヨハネが「イエスによって与えられた信仰があなたがたの目の前でこの人を完全に治したので、みんさんも悔い改めて神に立ち返りなさい」と言いました。

こういうお説教は、ユダヤ教の律法学者やエルサレムの指導者にとっては迷惑な話なので、次の日、民衆の指導者、長老、律法学者、大祭司の一族などがエルサレムに集まり、ペテロとヨハネの口封じをしようと試みますが、二人は彼らに答えてこう言うのです。

「神に従うよりあなたがたに従うほうが神の目に正しいと映るかどうか、あなたがたご自身が判断なさるがよい。私たちは見聞きしたことを話さないわけにはいきません」

この後、彼ら（長老、律法学者、大祭司の一族）は、さらに二人を脅した後、釈放します。人々がみな、この奇跡ゆえに神を賛美していたため、二人を罰するすべがなかったからです。

この記述は、「神の権威に勝る権威は存在しない」と教えるものであり、保守派キリスト教徒は、これを言葉通りに受け取って、神の権威は地上のどんな権力をも上回るものである、と信じているのです。

とはいえ、保守派キリスト教徒もある程度はプラグマティック（実利的）なので、地上の権力が神の掟《おきて》に真っ向から対立するものではない限りは、現世の権力に従う覚悟でいます。

ペテロの手紙を見てみましょう。

〈ペテロの第一の手紙2章13節～14節〉

主のために、人が設立した全ての制度に従いなさい。それが王であれ主権者であれ、悪を行なう者を罰し、善を行なう者をほめるために王が派遣した総督であれ、従いなさい。

これは、多神教のローマ帝国に下手に逆らうな、という意味です。

保守派キリスト教徒は、これを「神の教えと激しく対立することがない限り、世俗の権威にも一応従え」と解釈し、さらにこの記述は「政府の役割の一つが悪人を罰し、善人をほめること、と明記したものである」と解釈しています。

よって、「悪人」が自分たちの国に悪をもたらす敵国だった場合は、防衛も政府の役割、ということになるわけです。

ローマ人への手紙13章3節～4節には、キリスト教にかなう支配者像が描かれています。

支配者を恐れるのは、良い行ないをするときではなく、悪事をはたらくときです。権威を恐れたくないなら善を行ないなさい。そうすれば支配者から称賛されます。なぜなら、彼（支配者）はあなたに益を与えるための神の僕《しもべ》だからです。

地上の支配者（政府や役人も含めて）は、善人に益を与えるための神の僕、ということです。保守派キリスト教徒は、あらゆるものを供給してくれるのはあくまでも神であり、神が供給してくれる益を善人に与える作業の手助けをするのが支配者や政府の役割だと思っているのです。

ですから、税金を取って富の再分配をする社会主義的な政府は非キリスト教的である、と信じています。保守派キリスト教徒は、勧善懲悪、防衛、善人の暮らしの保護、自由の確保、善人への福祉の奨励のみが政府の役割だと確信しているので、国防省、司法省、警察以外は政府の管轄下に置く必要はないと思っています。

彼らは税金も人頭税と十分の一税しか必要ないと考えているので、税務署も無用の長物で、複雑な税制を実施するためにおびただしい数の役人が必要なのは財源の無駄遣いだと信じています。

自然は神の恵みなので、エネルギー省や環境保護局など百害あって一利なし、ということです。

特にオバマ政権誕生以来、政府の無駄遣いがあまりにひどすぎることを鑑みると、小さな政府を望む人が増えている理由も分からないでもありません［オバマ政権は経済刺激のための援助金として約90兆円をばらまきましたが、250ドルの小切手を7万2000人の死人に送ったり、道路標識を全て大文字の表示から語頭以外は小文字の表示に変えるなど、おびただしい無駄遣いをしています。後者の作業は、NYだけで2750万ドルも掛かります］。

保守派キリスト教徒の徹底したイデオロギー

税務署も無用、と言い切ってしまう保守派キリスト教徒の大胆さには驚かされてしまいますが、2010

年9月、彼らのこうしたイデオロギーが試される事件が発生しました。

テネシー州のオバイオン郡は、保守派キリスト教徒の共和党支持者が多い地域で、自治体の議員も全員共和党員です。

この郡には消防署がないため、火事が起きたときは隣接する町サウスフルトンの消防署に消防車の出動を依頼します。

サウスフルトンではアメリカの9割方の町と同様、消防費は税金で賄《まかな》われていますが、オバイオン郡の人々は消火というサービスを受けたい人のみがサウスフルトンの消防署に年に75ドルを払う、というシステムをとっています。

消火がオプション、ということ自体が驚異的ですが、さらに驚くのは住人の中に「火事なんか起こるはずがないから」と、この費用を払わない人がいる、という事実です。

消防署はこういう人々には「万が一に備えておいたほうがいいから」と、75ドルを払うように諭す電話を年に何度もかけていますが、断固として払わない人も少なくありません。

そういう頑固な住人の一人、ジーン・クラニック氏の家で２００９年にボヤがあり、消防署に電話をしましたが、このときは幸いにも消防車が到着する前に、火を消すことができました。

そのため、クラニック氏は、次の年も消防費を払わない、という選択肢を選んだのです。

そして、２０１０年9月29日に去年のボヤより大きな火事が起きたとき、クラニック氏は消防署に電話をかけましたが、消防署は出動を拒否。

彼の隣家に火が飛び火したため、隣家の人（ちゃんと75ドルを払っている人）の通報で出動した消防車は、クラニック氏の家は無視して隣家のみの消火を行ないました。

自分の家が燃える中、クラニック氏は消防士たちに、「どんな額でも払うから消火してくれ」と頼んだのですが、不幸中の幸い、燃える家の中に人がいなかったので消防士たちは手を貸してくれず、彼の家は全焼してしまいました。

このニュースが流れた後、民主党派の人々は「だから消防費もアメリカ全土で義務化して税金で負担すべきであり、健康保険もこれと同じで、国民に健康保険を義務づけるのは当然のこと」と主張しました。

これに対し、保守派キリスト教徒の多くは、まず「75ドルを払っていない人の家が火事になった際に備えて、〈消火の必要経費全額と多額の罰金、消防士が負傷した場合、あるいは死亡した場合の慰謝料を払う〉という契約書を用意しておいて、それにサインした人の家の消火はすべきだろう」と発言。

その後、「この事件は自業自得で、無責任な行動に対する天からの戒めのようなもの。自己責任の欠如が善意で報われてしまったら、誰も責任を果たさなくなり、オバイオン郡の人がみな75ドルの支払いを拒んで、サウスフルトンにただ乗りしようとするだけなので、無責任な行動が罰せられるのは当然のこと」と、消防署の行動を是認したのです。

そして、さらに驚くべきことに、オバイオン郡の予算委員会は、この事件の直後にミーティングを開き、「消防費を税金として取り立てては?」という一部の住民の提案を否決し、消防費オプション制度続行を可決しました。

保守派キリスト教徒のイデオロギーもここまで断固たるものだと、「あっぱれ!」としか言いようがありません。

第十三章　借金はクリスチャンの敵

Public Opinion Polls

●オバマ政権が約74兆円をばらまいた後も経済が回復せず、アメリカが不況のまっただ中だった2009年6月23日～24日に989人の成人を対象に行なわれたギャラップ社の世論調査

あなたは下記の事項に関して心配していますか？（「心配している」と答えた人の割合）

・失業率の急増

共和党派の82％、民主党派の91％

・健康保険のない人の増加

共和党派の65％、民主党派の90％

・ヘルスケアのコストの上昇

共和党派の82％、民主党派の89％

・国家予算赤字の急騰

共和党派の90％、民主党派の75％

・連邦政府が課す所得税の増加

共和党派の86％、民主党派の62％

・州政府の財政難
共和党派の84％、民主党派の79％

民主党派の人々は、失業率や健康保険の有無など、自分が何を得られるか、ということ、つまり経済の結果を心配し、共和党派の人々は、結果を得るためのプロセス（国家予算や課税額など、お金のやりくり）を心配している、というパターンがよく分かる世論調査です。

自由の土台は自己責任

保守派キリスト教徒は、キリスト教徒は神から自由を授かっていて、自由には自己責任がつきものだと考えています。

ですから、自己責任を果たさないくせに権利ばかりを主張する人間は神の敵であり、そういう人間を助ける行為は神の意志に背くと信じているのです。

ヨハネによる福音書8章32節で、イエスは「あなたがたは真理を知り、真理はあなたがたを自由にするのです（truth will set you free）」と言っています。

保守派キリスト教徒は、このfreeという言葉を経済にも当てはめて、自由市場、自由経済、規制のない経済活動が神の意志であり、全ての自由には自己責任が伴う、と主張しています。

彼らの主張の根拠となる記述を見てみましょう。
まず、イエスが弟子たちに語った10人の花嫁の譬え話をご紹介しましょう。
これは133ページでご紹介したタラントの譬え話の直前に出てきます。

〈マタイによる福音書25章1節〜13節〉

天国は、各々がランプを手にして花婿を出迎える10人のおとめ（花嫁付添人）のようなものです。そのうちの5人は愚かで、5人は思慮深い者でした。愚かな娘たちはランプは持っていましたが、油を用意しておきませんでした。でも、思慮深い娘たちはランプと共に、油を容《い》れ物に入れておきました。花婿たちの到来が遅れたので、みな眠くなって寝てしまいました。

真夜中に、「花婿が来た！　迎えに出なさい！」という声がしました。

娘たちは全員起きて、自分のランプを整えました。愚かな娘たちは思慮深い娘たちに、「油を少し私たちに分け与えてください。私たちのランプは消えそうです」と言いました。

しかし、思慮深い娘たちはこう答えました。「いいえ、あなたがたと私たちの両方に足りるだけの油はありません。店に行って、自分の分をお買いなさい」

彼女たちが油を買いに出かけると、その間に花婿が到着しました。準備が整っていた娘たちは、花婿と一緒に婚礼の祝宴に向かい、扉が閉ざされました。この後、他の娘たちが来て、「ご主人様、ご主人様！　私たちのために扉を開けてください」と言いました。

しかし、彼はこう答えました。「はっきり言うが、私はあなたがたを知らない」

だから、目を覚ましていなさい。私がいつ何時戻ってくるか、あなたがたは知らないのですから。

花婿はイエス・キリスト、娘たちはクリスチャン、婚礼の祝宴は天国のことで、キリストがいつ何時再臨してもいいようにクリスチャンは常に神の道を歩んで天国に入る準備を整えておかねばならない、という寓話です。

保守派キリスト教徒たちは、これを経済にも応用して、「備えあれば憂《うれ》いなしだから、みんな常にしっかり働いておかねばならぬ」と思っているわけです。

そして、思慮深い娘たちが愚かな娘たちに油を分け与えなかったという部分は、「自己責任を大切にしろ」というイエスの教えである、と解釈しているので、自己責任を果たさない者が貧乏になるのは自業自得だと信じているのです。

自己責任はキリスト教の美徳

自己責任に関して保守派キリスト教徒がよく引用する聖書の記述をいくつかご紹介しましょう。

〈箴言21章20節〉
知恵のある者の家には財産と貴重品がある。
しかし、愚か者は得たものを全て浪費する。

賢者はちゃんと貯金をするけれど、愚か者は浪費するだけだから常に貧しい、ということです。
愚か者は貧しい、と言っているだけで、貧しい人は愚か者だ、とは言っていないのですが、保守派キリスト教徒は「貧しいのは自業自得」と考えがちです。

〈箴言25章28節〉
自制心のない人は
城壁が崩れた町のようだ。

自制心がある人は経済面でも稼ぐ以上に使ったりしないので、政府なんぞの援助に頼ることなくしっかり生きていける、ということでしょう。

〈箴言22章1節～9節〉
名声は大いなる富よりすぐれていて、
恩恵は金や銀にまさる。
富める者と貧しい者とは共に世に存在する。
すべてこれを造ったのは神だ。
賢い者は災いを見て自ら避け、
思慮のない者は進んでいって罰を受ける。
謙遜と主を恐れることとの報いは、
富と誉れと命である。
よこしまな者の道には茨《いばら》と罠があり、

魂を守る者はこれらのものから遠ざかる。
子をその行くべき道に従って教育せよ。
そうすれば年をとっても教えから離れない。
富める者は貧しい者を治め、
借りる者は貸す者の奴隷となる。
悪を蒔《ま》く者は災いを刈り、
彼らの恐ろしい支配力はすたれる。
人に恵む者は恵まれる。
自分のパンを貧しい人に与えるからである。

リベラルな人たちは、「貧しい人にパンを与える」という部分が最も重要な点だと読解します。
しかし、保守派の人たちは、いちばん重要なのは「富める者は貧しい者を治め、借りる者は貸す者の奴隷となる」という部分だと考えています。

神の道に沿って富を得た人は、怠惰や自制心欠如のために（＝神の教えを無視したために）貧乏になった人を支配し、稼ぐ以上に使う自己責任のない行動を取った人（＝神の教えに背いた人）は、貸す人に服従せざるを得ない羽目に陥る、ということです。

経済に当てはめると、「借金は神の敵」「稼ぐ以上に使うな」「無駄遣いするな」ということです。

保守派キリスト教徒は、「借りる者は貸す者の奴隷となる」という一節を、マタイによる福音書6章24節と対にして引用します。

そのマタイによる福音書を見てみましょう。

イエスはこう言っています。

「誰も二人の主人に仕えることはできません。一方を憎んでもう一方を愛したり、一方に尽くしてもう一方を軽蔑したりするからです。神とお金の両方に仕えることはできません」

「お金の奴隷になるな」という意味のこの言葉は、リベラルな人々は「イエスが資本主義を否定している証拠」だと解釈しています。

しかし、保守派キリスト教徒は、これはお金の奴隷になって借金をしたり貪欲になったりすることを禁じたものだ、と主張しています。

そして、お金の奴隷にならず、逆にお金をうまく利用して（＝お金を自分に仕えさせて）布教活動をしたり、善行を積むことはいいことである、と考えています。

〈箴言24章27節〉

外で自分の仕事を整え、畑をしっかり準備して、その後で自分の家を建てなさい。

逆に言うと、仕事もせず、畑も耕さないうちから家など建てるな、ということです。

経済に当てはめると、ある程度お金のめどがついてから家を建てなさい、という意味に解釈できます。

〈ガラテヤ人への手紙6章7節〉

人は自分が蒔いた種を刈り取ることになるのです。

善行を積んだ人は善行を刈り取り、悪事を働くものは滅びる。

これを経済に当てはめると、自己の責任を果たしてしっかり働いた人は富を刈り取り、無責任な人間は貧乏になる、ということです。

自己責任を重視する保守派キリスト教徒は「借金は神の敵」だと信じています。

彼らは、倫理的で責任感のある人間は計画的に質素な生活を続けてちゃんと貯金をし、リーズナブルな返済のローンを組めるようになるまでは家を買おうなどとは思わない、と主張します（中には、ローンも借金なので、ローンなしで買えるほどお金を貯めるまでは家を買うべきではない、と信じている人もいます）。

ローンの返済能力がないのに家を買おうとする人々も、ローンの返済能力がない人も家を持つ権利がある、と「権利」ばかり主張する民主党も、神を恐れぬ身のほど知らずの愚か者、というわけです。

ですから、彼らは、サブプライム・スキャンダルもキリスト教の教えに背いた愚か者が陥った罠であり、サブプライム・ローンを許容した民主党はキリスト教の教えに背く邪悪な政党だ、と信じているのです。

第十四章　国家による福祉は怠惰を招く

Public Opinion Polls

●２０１０年９月13日～16日にかけてギャラップ社が１０１９人の18歳以上のアメリカ人を対象に行なった世論調査

あなたは議員、及び議員に立候補している人々をどれくらい信頼していますか?

非常に信頼している……………………………………4％
かなり信頼している……………………………………43％
それほど信頼していない………………………………44％
全く信頼していない……………………………………7％
無回答……………………………………………………2％

あなたはアメリカ国民の判断力をどれくらい信頼していますか?

非常に信頼している……………………………………21％
かなり信頼している……………………………………48％
それほど信頼していない………………………………26％

全く信頼していない …………………………………… 4%
無回答 …………………………………………… 1%

あなたは連邦政府の権力に関してどう思いますか？

権力が肥大しすぎている ………………………… 59%
適切な権力を持っている ………………………… 33%
権力が少なすぎる ……………………………… 8%

あなたは、国家が抱えている問題と連邦政府の関係に関してどう思いますか？

企業や個人が解決すべき問題に連邦政府が介入しすぎている ……… 58%
連邦政府はもっと問題解決に関与すべきだ ……………… 36%
無回答 ……………………………………………… 6%

●２００９年９月11日～13日にかけてギャラップ社が１０３０人の18歳以上のアメリカ人を対象に行なった世論調査

あなたは国民を健康保険に入れるのは政府の責任だと思いますか、それとも健康保険への加入は個人が決めることだと思いますか？

「政府の責任だと思う」と答えた人 ……………………… 37%
（内訳　民主党派の62%、無党派の34%、共和党派の10%）

「個人が決めることだ」と答えた人……………………61％
（内訳　民主党派の35％、無党派の64％、共和党派の89％）
無回答・分からない…………………………………2％

福祉国家は国民を甘やかす

すでに何度も書きましたが、アメリカは、そもそも祖国での政治・宗教の迫害を逃れ、自由を求めて移民してきた人たちが建国した国家なので、政府の役割を最小にとどめて個人の自由を謳歌したい、と思っている人が多いのです。

アメリカ人の過半数は福祉国家を「nanny state（子守国家、過保護国家）」と呼び、政府が国民をいつまでも親離れできない子供のように扱うのは、国民の自尊心を傷つける愚行だ、と考えています。

大多数のアメリカ人にとって「福祉国家」という概念は、国民が自己管理の権利を放棄して無能で怠惰な政府の役人に様々な決定権を与える無責任なシステム以外の何物でもありません。

彼らは、よく「民主党と共和党の違いは、食糧配給券と給料の違いで、大きな政府が好きな民主党と自由競争を求める共和党の戦いは「The Battle between Takers and Makers（搾取者と創出者の戦いだ）」と言っています。

「民主党は地道に働いている人々から税金を巻き上げて失業者や貧者に食糧配給券を配る党だが、共和党は失業者や貧者に職業訓練を施して自立させてくれる党だ」と言うわけです（実際には、民主党もクリントン政権時代には職業訓練を施す制度を取っていました）。それで、彼らは中国のことわざを引用して、「飢えている人には魚をあげずに釣り竿をあげろ」という言い方をします。

日本にも、こうした考え方の人は少なからず存在するとは思いますが、お役所がしっかりしている日本の福祉政策にはそれほど無駄がないので、日本人で福祉を敵視している人は少ないはずです。しかし、アメリカのお役所仕事は日本では考えられないほどずさんなので、「政府による福祉＝無駄遣い・非効率的」と考える人がアメリカには非常に多いのです。

福祉が無駄だというイメージを最初に植え付けたのは、政府の福祉政策を乱用して優雅な生活を送っている女性たちを「ウェルフェアー・クイーン（Welfare Queen　福祉女王）」と呼んで批判したレーガン大統領の時代、つまり80年代でした。

ウェルフェアー・クイーンの「顔」となったリンダ・テイラーは、シカゴのサウスサイドの住人。逮捕された当時37歳だった彼女は、8年に渡り8つの名前を使って社会福祉金、貧しい人へ政府が支給する援助金、食品配給権を不法に入手し、総額15万4000ドルを騙し取り、毛皮や宝石、高級車を買って贅沢な生活を送っていました。

イリノイ州クック郡（シカゴなどの大都市がある地域）のアーレンス・オーティスは6年に渡り、連邦・州政府から15万ドル以上の社会福祉金を騙し取っていました。

カリフォルニア州パサディナのドロシー・ウッズは、7年に渡り、37万7000ドルもの福祉金や援助金の他、38人の架空の子供たちの養育援助金を連邦・州政府から騙し取り、ロールス・ロイス、メルセデス・

ベンツ、キャディラックを所有し、シカゴで複数の不動産物件を貸していました。

福祉詐欺は今でも手を変え品を変え行なわれていますが、「ウェルフェアー・クイーン」という言葉は90年代以降、ほとんど聞かれなくなりました。

しかし、オバマ政権が失業手当支給期間を99週間に延長したり、健康保険加入を国民に義務づけた後、福祉詐欺の顔だったリンダ・テイラーがオバマ氏のお膝元シカゴのサウスサイドの人間だったことも手伝って、共和党派の人々の間ではまたしばしばこの言葉がささやかれるようになっていました。

そんな状況の中、2010年の秋、『LAタイムズ』紙が「カリフォルニア州が貧しい人に福祉金として配給しているキャッシュカードがヴァージン諸島やグアムなどのリゾート地やラスヴェガスなどで使われていて、その総額は6900万ドル以上にのぼっている」という調査結果を発表しました。

『ボストン・グローブ』紙も「仕事を見つけても、その仕事で得られる給料よりも失業手当のほうが高いので働かない人がたくさんいる」とリポート。

その他のメディアでも、「最低賃金をもらって重労働をするより、失業手当をもらっていたほうが楽だから、重労働やつまらない仕事の口があっても就職しない人が多い」とリポートしていました。

そのため、2010年の暮れの段階では福祉に対するアメリカ人の嫌悪感がレーガン政権時代以上に深まってしまい、「福祉は怠惰と詐欺を招き、失業手当は勤労意欲をそぎ、自尊心喪失につながる」と信じる人が激増しました。

さらに、オバマ政権の経済援助金が民主党の支持基盤である様々な労組に優先的に与えられた、というあからさまなえこひいき政策も、「過保護国家」に対する憎悪の急増に拍車をかけました（労組は社会主義の象徴、社会主義はアンチ・クリスチャン、ということをお忘れなく）。

保守派キリスト教徒が政府による福祉を軽蔑する理由

政府による（つまり税金による）福祉を特に忌み嫌っているのは保守派キリスト教徒です。その理由は「敬虔なクリスチャンは自己責任を果たし、自己管理をして、計画的な生活を送って自立すべきで、福祉は勤労意欲をそいで怠惰を招く」と信じているからです。

彼らは、自らの怠惰のせいで貧乏になった人は自業自得なので罰として貧乏生活を送っており、そこから教訓を得て立ち直って、生産的な人間になるべきだと考えています。

また、自分で計画、選択した事業に失敗して貧乏になった人は、貧乏生活に耐えて失敗から学び、それをバネにさらに大きく成長すべし、と考えています。

こうした人々に政府が福祉を施すのは、怠惰や失敗にご褒美を与えるようなもので、本末転倒だ、というわけです。

また、税金を扱った章（148ページ参照）でも説明した通り、保守派キリスト教徒たちは、「金持ち＝雇用創出者」「中流階級＝勤勉な人々」とみなしているので、雇用創出者に高い税金をかけることは雇用削減につながり、勤勉な人の税金を増やすことは勤労を罰する行為だと信じている、ということも忘れてはなりません。

とはいえ、彼らは決して「貧乏人は見捨てろ」と言っているわけではありません。

責任感のある生活を送っていたにもかかわらず、不運に見舞われて貧乏になったり、職を失ってしまった人に対しては、保守派キリスト教徒たちは「隣人愛」の精神でできる限り援助すべきだと信じています。

さらに、自業自得組の人々にも、必要最低限の援助は与えるべきだと考えています。

ただ、福祉は能率の悪い役所（＝政府）ではなく、個人のチャリティで賄《まかな》う、というのが神の道だと信じているのです。

「あなたの隣人をあなた自身のように愛せよ」という教えが聖書に何度も出てくる通り、キリスト教の神髄は「愛」なので、家族愛、隣人愛でお互いを助け合えば、政府の福祉など必要ない、ということです。

彼らの信条の根拠となる聖書の記述をご紹介しましょう。

まず、家族の面倒を見ることに関する記述で、最も頻繁に引用されるこの一言から。

〈テモテへの第一の手紙5章8節〉
もし親族、特に自分の家族を顧みない人がいるとしたら、その人は信仰を捨てたということであり、不信者よりも悪いのです。

真のキリスト教徒は親類縁者の面倒をちゃんと見るべし、ということです。

次に、富を自由意志でシェアーせよ（貧しい者に施しを与えよ）と教えている記述をいくつかご紹介しましょう。

〈箴言11章24節～26節〉
惜しみなく与え、さらに富を増す者がいて、
与えるべきものを惜しみ、かえって貧しくなる者がいる。
気前の良い者は繁栄し、

人を潤す者は潤される。
穀物を売らずに貯め込む者は民に呪われ、
売る者の頭には祝福がある。

〈箴言28章27節〉
貧者に与える者は何も欠くことがないが、
無視する者は多くの呪いを受ける。

イエスも、こう言っています。

〈マタイによる福音書5章42節〉
求める者に与え、借りようとする者を拒絶してはいけません。

次に、「政府による無条件の福祉は勤労意欲をそぐ邪悪なものだ」と保守派キリスト教徒たちが信じる理由を最も雄弁に語っている記述をご紹介しましょう。

〈箴言16章26節〉
働く者は食欲のために働く、
飢えが彼を駆り立てるからである。

貧者が楽な暮らしができるほどのお金を政府が支給してしまうと、貧者は福祉に頼って怠惰になってしまう。貧者を生産的な市民にするためには、貧者が文字通りハングリー精神を持てる状態にしなければダメ、ということです。

そこで、保守派キリスト教徒は、「顔の見えない政府からの福祉は羞恥心なく受け取れるので、貧者は福祉の上にあぐらをかいてしまう。しかし、地域社会の教会や隣人から施しを受けるのは、ふつうの人間にとっては自尊心を傷つけられることなので、「頑張って早くこの状態から抜け出そう」というハングリー精神の育成に役立つ」と考えているのです。

昔、日本に「貧乏人の子だくさん」という言葉がありましたが、アメリカでも政府の福祉を受けている人々に、ティーンの妊娠を含め、子だくさんの人が多く見られます。

生活保護を受けている身でありながら子供を作ってしまうと、母親は外に働きに出ることもできず、父親にとっても食い扶持《ぶち》が増えて負担が増し、赤ん坊の医療費も馬鹿にならないので、生活保護に頼る割合が増すだけ、という「悪循環」を生むと考えられています。

こうした状況を見て、保守派キリスト教徒は、「真のキリスト教徒であれば、自尊心があるから、他人や政府からの施しに頼らなければ生きていけない間は、自制・節制・節約・節操を保って、結婚もせず子供も作らずに、自立できるようになるまで一人で頑張るのに…」と嘆いているのです。

そして、こういう悪状況が発生するのは、政府が貧者に「人並みの生活ができる程度の福祉」を与えているからだ、と主張しています。必要最低限の福祉しか与えられなければ、たとえ非キリスト教徒であろうとも、仕方なく重い腰を上げて最低賃金の重労働やつまらない仕事に就くだろう、と思っているわけです。

実際、デンマークでは、失業手当が5年間支給されていた時代は、失業者の就職率は手当が切れた6年目から急増し、失業手当の支給期間が4年になった後は、就職率が5年目から急増したので、保守派キリスト教徒の意見にも一理ある、と言えます。

彼らの「福祉」に対する考え方をもう一度おさらいしておきましょう。

- キリスト教を信じている人たちが、神の教えを自由意志で実行することにより貧者を救済するのが正しい貧者救済法であり、政府が強制的に税金を取り立てる、という形での富の再分配は神の道にかなっていない。
- 政府による強制的税金徴収による富の再分配＝勤労意欲をそぐ＝アンチ・キリスト教的。
- 資本主義は勤労意欲を触発＝社会全体が豊かになる＝勝者が自由意志で貧者を救済＝金持ち（つまり雇用創出者）や中流階級の富が増えれば増えるほど、彼らが貧者に与える額も増え、雇用も増える＝全体的に底上げされる。

オバマ・ケアが「嫌われる理由」

次に、アメリカ国民、及びアメリカ在住の外国人全員に健康保険加入を義務づけたオバマ・ケアが嫌われる理由を簡単に説明しておきましょう。

誰もが国民健康保険に入っている日本では、健康保険加入の義務づけに疑問を抱く人のほうが少ないでしょう。

しかし、アメリカは個人の自由を重んじる人が多いので、「政府による義務づけ」という概念に異常なほど拒否反応を示す人が驚くほど多いのです。

特に保守派キリスト教徒がオバマ・ケアを嫌う理由をご説明いたしましょう。

(1) 健康管理は個人の責任なので、健康保険加入を義務づける権利は政府にはない

自己責任、個人の自由を大切にする保守派キリスト教徒は、健康管理は個人の責任だと思っています。ですから、保険に加入したくない人にまで政府が加入を押しつけるのはキリスト教徒にとって最も大切な個人の自由意志を踏みにじる反キリスト教的な暴行だと信じています。

(2) オバマ・ケアは政府による医療の再分配

オバマ・ケアは、もともとは民間の保険に入れない貧しい人々や不法移民の医療費を、政府が賄ってあげるために考案された制度です（保険加入を義務化することで、保険料を払える家庭や企業からは高い保険料を取り、払えない人の保険料を政府が肩代わりして保険に入れてあげる、という制度）。

保守派キリスト教徒たちは、政府による富の再分配がアンチ・キリスト教的だと信じているのと同じ理由で、政府による医療の再分配にも反対しているのです。

(3) オバマ政権がオバマ・ケアの内容の詳細をつまびらかにしないままオバマ・ケア法案をごり押しした

オバマ・ケア法案は電話帳のように分厚い法案で、オバマ政権と上下両院で圧倒的多数を占める民主党は議員たちに法案を読む時間を与えないまま採決を迫りました。

そのため、議員たちは内容を把握できないまま投票せざるを得ず、民主党の中道派の議員たちは賛成票を投じる代わりにオバマ政権と様々な裏取引を行ないました。

保守派キリスト教徒にとって、この過程は大きな政府の無責任の象徴でした。

(4) オバマ・ケアでは政府の予算が中絶に使われる

保守派キリスト教徒たちは中絶は神への冒瀆だと信じているので、政府が中絶を援助するなど、とんでもなく罪深い非行だと信じています。

(5) 加入を拒否する人に対して約25万円の課税という形で罰金が課せられる

人頭税と十分の一税以外の税金は認めていない保守派キリスト教徒にとって、税金という形で罰金を徴収することも、神への冒瀆なのです。

(6) オバマ・ケアのPRのためにオバマ政権が300万ドルもつぎ込んでいる

オバマ・ケアは議会で僅差で可決した後も非常に評判が悪く、オバマ政権は2010年11月の中間選挙の直前に300万ドルもの予算（国民の血税）を投入してオバマ・ケアのCMを流しました。

小さな政府を望む保守派キリスト教徒は「オバマ・ケアが本当にいいものだったらわざわざ巨額の税金を使って宣伝することはないでしょうに」とあきれかえり、政府の無駄遣いを嘆いています。

ちなみに、2011年1月3日に発表されたラスムッセン社の世論調査では、有権者の60%がオバマ・ケアの撤廃を望んでいます。

(7) ことあるごとに政教分離を説いているオバマ氏が教会を利用してオバマ・ケアを宣伝しているのは偽善的

オバマ氏はオバマ・ケア法案が通る前、そして通った後も、宗教のリーダーたち（大多数はキリスト教の牧師や司祭）に「オバマ・ケアの素晴らしさを信者に教えてほしい」と頼んでいます。

ふだんは政教分離を訴えているのに、自分にとって都合のいいときだけ宗教を利用するオバマ氏の日和見主義的な態度は保守派キリスト教徒の怒りを買いました。

(8) オバマ・ケアは政府による国民保険への布石

オバマ・ケアは、オバマ政権が定めた基準に従い、アメリカ国民、及びアメリカ在住の外国人を健康保険に強制加入させる、というものです。

オバマ政権が定めた基準（持病のある人に対する保険加入を断ってはいけない、など）に従うと、民間保険は高額にならざるを得ないので、民間保険に入れない人は政府が保険料を負担する政府の保険に入ることになります。

政府の保険に入る人が多くなると、民間保険加入者が減り、ますます民間保険が高くなって政府の保険加入者がさらに増える、ということが繰り返されます。

ですから、保守派キリスト教徒たちは、最終的には民間保険が全滅して、アメリカが旧ソ連のような医療も配給制の国になってしまうのでは？　という危機感に苛《さいな》まれているのです。

国民健康保険を当然のことだと思っている日本人にとっては、健康保険加入も個人の自由、加入拒否も個人の権利、健康管理は自己責任、という徹底した個人主義の思想はなかなか理解しにくいところですが、保守派キリスト教徒の責任感と自制心の強さには見習うべき部分もあるかも知れません。

第十五章　イエス・キリストのイメージ

Public Opinion Polls

●2006年にベイラー大学がギャラップ社の協力を得て1721人のアメリカ人を対象に行なった神のイメージに関する世論調査

あなたは神に関してどんなイメージを抱いていますか?

・**神は権威主義的で人間の罪に怒りを感じ、不信心な者を厳しく罰する…31・4%(南部では43・3%)**

こうしたイメージを抱いている人には宗教的にも政治的にも保守派が多く、黒人のプロテスタント、白人の福音主義者である場合が多い。彼らは、政府はクリスチャンの価値観を奨励すべきだと思っています。

・**神は善意に満ちていて親切で、聖書は人間にとって絶対的な基準である…23%(中西部では28・7%)**

彼らの54・8%が、政府がクリスチャンの価値観を推奨することを望んでいます。プロテスタント、カトリック、ユダヤ教徒の多くがこのようなイメージを抱いていて、「神は悔い改めた者を許してくれる父親のようだ」と思っています。

・**神は批判的な目で全てを見守っているが、人事には干渉せず、人を罰することも慰めることもない…16%(東部では21・3%)**

彼らは、神は高見に鎮座する権威ある存在だと思っていますが、あまり宗教的ではなく、教会や寺院に足繁く通うこともありまえせん。政治的には中道派。

・神は遠い存在。神はこの世界を創造した宇宙のフォースのようなもので、創造後に遠くに行ってしまった…
24・4％（西部では30・3％）
カトリックと中道派のプロテスタントとユダヤ教徒にこういう考えの人が多い。

イエスの生い立ち

リベラル派と多くの保守派キリスト教徒は、イエスに関しても正反対のイメージを抱いています。本題に入る前に、聖霊によって処女懐妊したマリアがイエスを産む過程をおさらいしておきましょう。

まず、当時ユダヤの地を占領していたローマ帝国の支配者、アウグストゥス皇帝の「住民登録をせよ」という勅令に従って、ヨセフとマリアがベツレヘムに向かうシーンです。


〈ルカによる福音書2章3節〜7節〉

ヨセフはダヴィデの家系でその血筋だったので、彼もガリラヤの町ナザレからユダヤのベツレヘムというダヴィデの町に行った。彼の許嫁《いいなずけ》で身ごもっているマリアと一緒に登録するためにそこに行った。彼らがそこにいる間に出産の時期が来て、彼女は男の子の初子《ういご》を産んだ。彼女は子供を布にくるんで飼い葉桶に寝かせ

た。宿に空きがなかったからである。

イエスの家庭に関しては、マタイによる福音書13章55節で、イエスの周りに集まった人たちが、「この人は大工の息子ではありませんか」と言ったことから、ヨセフは大工だったことが分かります。

イエスは社会主義者だったのか？

イエスの生い立ちが分かったところで、本題に入りましょう。

リベラルな人々（リベラルなクリスチャン、及び、一応クリスチャンでもそれほど信心深くないリベラルな人々、クリスチャンではないリベラルな人々）は、よく「イエスは病人を癒し、貧しい人を助けたので社会主義者だった」と主張しています。

そして、彼らは、「イエス自身も貧しく、托鉢僧として弟子たちとコミューンのようなシステムで暮らしていて、人々が平等になることを説いた」と信じています。

しかし、保守派キリスト教徒の多くは、「イエスは裕福な家に生まれた。神の前では人はみな平等なので、イエスが望んだのは人々が自由意志で富を分け合うことだから、イエスは社会主義者ではなかった」と信じています。

イエスの貧者救済に関しては、経済、及び、福祉を扱った章（第十章と第十四章）で述べた通りですが、一応おさらいしておきましょう。

リベラルな人々は、イエスは「貧者に施せ」と金持ちに命じた＝貧者救済はイエスが望んだこと＝政府による富の再分配は神の意図にかなっている、と考えています。

保守派キリスト教徒は、政府ではなく、個人個人が自由意志で貧者に施すのが神の意図だと信じています。

「イエスは社会主義者だった」と主張するリベラル派が、その根拠として挙げているマタイによる福音書15章の記述を見てみましょう。


〈マタイによる福音書15章29節〜38節〉

イエスはそこ（フェニキア、今のレバノン）を去ってガリラヤ湖の岸に行った。そして山に登って、山腹に座った。すると、大勢の群衆が、歩けない者、目の見えない者、手足の不自由な者、口のきけない者など、その他のたくさんの人々をイエスの足下に連れてきた。イエスは彼らを癒した。口のきけない者たちが口を開き、手足の不自由な者たちが治り、歩けなかった者たちが歩き、目の見えない者たちが見えるようになったのを見て、人々は驚き、イスラエルの神を崇めた。

イエスは弟子たちを呼んで、こう言った。「私はこの人たちに同情しています。彼らはすでに3日間も私と一緒にいて、食べ物がないのです。空腹のまま彼らを帰したくありません。途中で倒れてしまうかもしれませんから」

弟子たちは言った。「このような人里離れた所で、これほど大勢の人々に食べさせるだけのパンをどこで手に入れられるでしょうか？」

イエスは、「どれくらいパンがありますか？」と尋ねた。弟子たちは、「7個です。それと小さな魚が少しあります」と答えた。

イエスは群衆に地面に座るように命じた。そして7つのパンと魚を手に取り、感謝を捧げて、それらを裂い

て弟子たちに与え、弟子たちは群衆に与えた。群衆はみな食べて、満たされた。そして、食べ残したものを集めると、7つのかごがいっぱいになった。食べた者たちの数は、男4000人、そして女と子供であった。

女性や子供たちの数は明記されていませんが、両方とも原語では複数形なので、それぞれ2人以上はいた、ということですから、イエスは最低でも4004人の空腹を満たした、ということになります。

リベラルな人たちは、この記述を「イエスが無料で食べ物を配布した＝イエスは社会主義者だった証拠」と解釈しています。

しかし、保守派キリスト教徒は、「これはイエスが起こした奇跡であり、神の威力が食べ物を創造した（神の威力・信仰による富の創出）＝信じる者は満たされる、ということで、信仰の大切さと神の無限の力を説いたもの」と解釈しています。

そして、イエスの奇跡を信仰・宗教を否定している社会主義に譬えるなど、神への冒瀆に他ならない、と激怒しているのです。

確かにイエスは無料で食べ物を分配しました。

しかし、イエスは手元にあった食糧（信者が自由意志でイエスたちにあげたもの）の量を奇跡で増やして分配したのであり、他者の所有物を「取り上げて」、それを再分配したわけではありません。

ですから、イエスが群衆の腹を満たした行為は、持てる者から取り上げて人民に配る、という社会主義的分配とは根本的に異なります。

それどころか、イエスは食糧を「創出」したわけなので、この記述は「一定量しかないパイを均等に再分配して貧者を助けるのではなく、パイ自体を大きくして貧者の取り分も増やす」という保守派キリスト教徒の経済観を裏付けるものなのです。

リベラルな人々と保守派キリスト教徒は、イエス自身に関しても全く相容れないイメージを抱いています。

前述の通り、リベラルな人々は、イエスは貧しい生まれで、托鉢僧的な暮らしをしていた平和主義者だと思っています。

しかし、保守派キリスト教徒たちの多くは、イエスは中流階級、あるいはかなりお金持ちの家庭に生まれて、平和を説いてはいたものの、反骨精神を持った平和主義者だった、と信じています。

イエスは貧乏だったのか？

リベラルな人々は、イエスの（人間の）父親は大工で、イエスは貧乏な両親のもとで馬小屋で生まれ、自分も貧しかったので貧しい人々の代弁者として富の再分配を説いた、と信じています。

キリスト教のことをちょっとでも知っている日本人も、きっとそう思っていることでしょう。

しかし、保守派キリスト教徒は、リベラル派が大工という職業を端《はな》から見下して大工は金持ちではない、と決めつけること自体がエリート（大卒のホワイトカラー）たちの傲慢の象徴だと言って、憤慨しているのです。

2008年の大統領選キャンペーン中、オバマ候補が「中流以下への増税はしないが、年収2万5000ドル以上の家庭には増税する」と言ったとき、配管工のジョー（Joe the Plumber）がオバマ氏に、「それは富の再分配で、成功した人たちを罰する政策では？」と苦言を呈しました。

この直後、オバマ支持者たちが「ジョーは配管工のくせに自分が増税の対象だと思っている」と、ジョーのことをせせら笑って小馬鹿にしていました。

この出来事は、「配管工のジョー事件」と名付けられ、以降、保守派の人々の間ではオバマ氏とリベラルな人々の尊大な姿勢の象徴として、ことあるごとに引用されています。

保守派の人々にとっては、「配管工はお金持ちではないし、お金持ちの仲間入りはできない」とみなしているリベラル派の尊大な態度がどうにも我慢できないものなのです。

実際、オバマ支持者は黒人、ヒスパニック、労組、損害賠償専門の法廷弁護士、大学生、大卒のホワイトカラーの人々が圧倒的に多く、特に後者の2グループは額に汗して働く人々を小馬鹿にする傾向があるので、保守派キリスト教徒の怒りは的《まと》を射たものと言えるでしょう。

話をイエスに戻しましょう。

多くのキリスト教学者や考古学者は、イエスが生きていた時代は大工のような手に職を持った人々は決して貧しくはなかったと言っています。

また、ギリシア語に精通している聖書学者のアダム・ブラッドフォード博士は、「大工（carpenter）」と訳されている新約聖書の言葉「tektwn」（発音はtekton）は、master builder（建築技師）という意味であり、大工は誤訳だ、と言っています。

この説が正しければ、ますますイエスの家庭はかなり裕福だったに違いないと思えてきます。

聖書学者や考古学者の多くが、イエスは馬小屋で生まれたわけではない、と言っていることも忘れてはなりません。

まず第一に、聖書にはイエスが馬小屋で生まれた、という記述はありません。

イエスが馬小屋で生まれたと思っている人は、ルカによる福音書の「彼女は子供を布にくるんで飼い葉桶に寝かせた。宿に空きがなかったからである」という部分を読んで、飼い葉桶がある場所は馬小屋に決まっているので、イエスは馬小屋で生まれたのだろう、と勝手に推測しているだけなのです。

しかし、聖書学者の多くは、「宿（inn）に空きがなかった」という訳自体が間違っている、と言っています。英語でinnと訳されている部分の原語（ギリシア語）はkatalumaで、この単語は聖書には3回しか出てきません。

あとの2回は、マルコによる福音書14章14節とルカによる福音書22章11節で、両方ともイエスが最後の晩餐をする場所を指していて、ほとんどの英訳聖書がguest roomあるいはguest-chamber（両方とも「客間、来客用の寝室」という意味）と訳しています。

katalumaには、「宿」という意味と、「個人の家の二階の大きな部屋」という意味があります。

ダヴィデの家系のヨセフがダヴィデ一族の本拠地に帰ったのだから、わざわざ宿に泊まったりせずに、一族の親戚の家に泊まったに違いない［中東の人々は今でも一族の絆を非常に大切にしています］、という妥当な推測も加味して、聖書学者の多くがイエス誕生の記述に出てくるkatalumaは後者の意味だと言っているのです。

さらに、多くの考古学者や聖書学者が、「イエスの時代の中東では、個人の家の一階の土間に夜だけ家畜を入れておくための場所があった」と言っていて、様々な発掘により石の飼い葉桶が個人の家の一階に置かれていたことが証明されています。

ですから、ヨセフはダヴィデ一族の家に戻ったものの、先にやってきた他の親族たちで二階の部屋がすでにいっぱいになっていたため、一階の家畜のいる場所に泊まったのであり、イエスは馬小屋で生まれたのではない、ということなのです。

仮にkatalumaが「宿」であったとして、イエスが馬小屋で生まれたのだとしても、それは単に「宿がいっぱいだったから」と聖書に明記されていて、ヨセフが宿代を払えなかった（＝貧しかった）からではありません。

イエス誕生に関する聖書の記述には、イエスの家庭は貧しかった、と暗示するような文章も単語も出てこない、ということなのです。

次に、東方からユダヤの王（イエス）の誕生を祝いに来た博士たちが贈り物をあげるシーンを見てみましょう。

〈マタイによる福音書2章11節〉

彼ら（東方から来た博士たち）はその家（イエスが生まれた場所）に入って母マリアと共にいる幼子を見て、ひれ伏して拝んだ。そして、宝箱を開けて、黄金、乳香《にゅうこう》、没薬《もつやく》という贈り物を捧げた。

考古学者や聖書学者は、乳香や没薬は高価なもので、特に没薬は黄金と同じ価値があった、と言っています。

聖書学者の中には「これらの贈り物は現代のドルに換算すると2億ドルにのぼる」と言っている学者もいます。

イエス、あるいは彼の両親がこれらの贈り物を人々に分け与えた、という記述は聖書にはないので、この贈り物のおかげでイエス一家はかなり裕福だった、と信じている人がいてもおかしくはないでしょう。

また、「その家に入って」という一言も、イエスが決して馬小屋で生まれたわけではないことを証明しています。

リベラルな人々は、たとえイエスの両親が裕福だったとしても、イエスは様々な地域で野宿をしながら托鉢僧のような布教活動をしていたと思っています。

彼らは、その証拠としてルカによる福音書9章58節に出てくるイエスの言葉、「狐には穴があり、空の鳥には巣があるのに、人の子（イエスのこと）には頭を横たえる（＝寝る）場所がありません」を挙げています。

しかし、保守派キリスト教徒は、「この一言は、イエスがユダヤ人と仲の悪かったサマリア人の村にいたときに発せられたもので、イエスはユダヤ人の間で説教をしていたときは支持者や知人の家に泊まっていた」と言っています。

彼らの見解の根拠となる記述を見てみましょう。

〈ヨハネによる福音書1章35節～39節〉

次の日、ヨハネはまた二人の弟子と共に立っていた。彼は、イエスが通りかかったのを見て、こう言った。「見よ、神の子羊だ」

二人の弟子は彼がそう言うのを聞いて、イエスについて行った。イエスは振り向き、彼らがついて来るのを見て、「何を求めているのですか？」と言った。

彼らは、「ラビ（「先生」という意味）、どこにお泊まりなのですか？」と言った。

イエスは彼らに言った。「いらっしゃい。そうすれば分かります」

そこで彼らは、ついて行き、彼がどこに泊まっているのか知り、その日をイエスと一緒に過ごした。第十時頃であった。

古代のユダヤ人は一日を12時間に分けていました［日没から日没までを一日と数える］。この福音書がユダヤの時間を使っているのだとしたら、この出来事が起きたのは夕方の4時頃、ということになります。ローマ帝国では現代人と同じ時計を使っていたので、この福音書がローマ帝国の時間の数え方を用いているとすれば、朝10時以降ずっとこの人たちはイエスと過ごした、ということになります。

どちらにせよ、イエスには泊まる家があった、ということで、聖書学者たちは、「イエスは支持者（信者）、知人、友人の家に泊まっていたに違いない」と言っています。

次に、イエスの資金繰りがどんなものだったか垣間見る《かいまみ》ことができる聖書の記述を見てみましょう。

〈ルカによる福音書8章1節〜3節〉
その後、イエスは町や村を旅して、神の国の福音を告げて回った。12人の弟子も一緒だった。悪霊や病気を治してもらった女たち、7つの悪霊を追い出してもらったマリア（マグダラの女と呼ばれる）も一緒だった。ヘロデ家の管理人であるクーザの妻、ジョアナ、スザナ、そしてその他の多くの女たちも一緒であった。これらの女性たちは自分の財産を用いて彼らを支援していた。

イエスと彼の弟子には、必需品を支給してくれる支持基盤のようなものがあった、ということです。

ヘロデ家というのはヘロデ王の一族のことで、「管理人」は、聖書学者によっては「財務大臣、または副知事のような地位」と言っている人もいるので、ジョアナさんには自由に使えるお金が相当あったものと思われます。

ですから、保守派キリスト教徒の多くは、イエスは日々の食事や寝る場所にも困るような貧困生活をしていたわけではない、と信じているのです。

癒し系でも戦闘的

次に、イエスが病人を癒した、ということに関しては、リベラルな人々はこう考えています。

イエスは病人を癒した＝病人を癒すことをイエスは望んだ＝病人を癒すことは神の意図である＝だから政府は病人を癒すべきなので、オバマ・ケアのような健康保険加入の義務づけはキリスト教の精神にかなっている。


一方、保守派キリスト教徒は、こう考えるのです。

イエスが病人を治したのは、神の威力を示す奇跡を行ない人々に信仰心を植え付けるため＝イエスの奇跡を世俗の医療保険と同じレベルで語るとは、不信心も甚だしい！


保守派キリスト教徒の考え方の礎となっている聖書の記述を実際に見てみましょう。


〈マタイによる福音書8章2節～3節〉

ライ病患者が来て、イエスの前に跪《ひざまず》き、こう言った。「主よ、あなたはお心一つで私を清くしてくださるのです」

イエスは手を伸ばしてこの男に触れ、こう言った。「そのように望んであげよう。清くなれ」

すると、瞬く間に彼のライ病は治った。

瞬時にライ病（ハンセン病）を治すイエスのパワーは、オバマ・ケアとは比較になりません。


〈マタイによる福音書9章2節〜7節〉

人々が、中風の人を床の上に寝かせたままイエスのもとに運んできた。イエスは彼らの信仰を見て、中風の人に言った。「子よ、しっかりしなさい。あなたの罪は許されました」

すると、律法学者たちが心の中で「この人は神を汚している」と言った。

イエスは彼らが思っていることを知って、こう言った。「あなたがたはなぜ心の中で悪いことを考えているのですか？『あなたの罪は許された』と言うのと、『起きて歩きなさい』と言うのと、どちらのほうがたやすいでしょうか？　地上で罪を許す権威を人の子（イエス自身のこと）が持っていることをあなたがたに示すために」

そして、イエスは中風の人にこう言った。「起き上がり、床を持って家に帰りなさい」

すると、彼は起き上がって家に帰った。


聖書には、この他にも「イエスが罪を贖《あがな》ってあげることにより病気を治す」という記述がたくさん出てきます。

つまり、聖書の世界では「病気＝罪に対する罰」とみなされているわけです。

そこで、イエスが罪を贖ってくれれば心は瞬時に清められて天国に行けることは確実になりますが、罰としての病気がすぐ治るとは限らず、清められた心で神の道を歩き、善行を重ねた後に病気が治る、ということもあるのです。

ですから、罪は許された、と言うことも、起きて歩け、と言うことも、神（または神から権威を委託されたイエス）にしかできないことなので、両方ともたやすいことではありませんが、どちらかというと瞬時に結果を示す必要のある後者のほうが難しい、ということです。

そこで、イエスは、不信心者たちに神の権威を示すために比較的難しいほうの指示も下して、みなの前で奇跡を見せてくれた、というわけです。

罪を許す、という神にしかできないことを行ない、その結果として病気も治したイエスとオバマ・ケアを比べるのは、神への冒瀆だ、と保守派キリスト教徒が思うのも無理からぬことでしょう。

〈マタイによる福音書17章14節～21節〉

彼ら（イエス一行）が群衆のところに来たとき、一人の男がイエスに近づき、彼の前で跪いて、こう言った。「主よ、私の息子を憐れんでください。てんかんで非常に苦しんでいて、頻繁に火や水の中に落ちています。この子をあなたの弟子のところに連れて来たのですが、彼らは治すことができませんでした」

イエスはこう答えた。「あぁ、不信心でゆがんだ世代よ。私はいつまであなたがたと一緒にいようか、いつまであなたがたに我慢できようか。その子を私のところに連れて来なさい」イエスが悪霊を叱責すると、悪霊がその子から出て行き、その子はそれ以来癒された。

弟子たちが密かにイエスのもとに来て、こう言った。「なぜ私たちは悪霊を追い出すことができなかったのでしょうか？」

彼はこう答えた。「あなたがたの信仰が薄いからです。真実を教えてあげましょう。もしカラシの種ほどの信仰があったら、この山に『ここからあそこに移動せよ』と言えば、移動するのです。いかなることも、あなたがたにできないことなどありません」

この記述の主旨は「病気は悪霊のせいで、悪霊を追い出せば病気が治る」「信仰が篤《あつ》ければ悪霊を追い出せる＝神を信じれば病気が治せる」ということです。

どう解釈しても、イエスの病気治療とオバマ・ケアを同列で扱うには無理があります。

〈マルコによる福音書7章25節〜30節〉

邪悪な霊に取り憑《つ》かれた小さな娘のいる女がやって来てイエスの足下にひれ伏した。この女はシリアン・フェニキアンで生まれたギリシア人だった。彼女は、娘から悪霊を追い出してほしい、とイエスに懇願した。イエスは言った。「まず子供たちを満腹にしてやらなければなりません。子供たちのパンを取り上げて犬に投げてやるのはよくありません」

女は、こう言った。「主よ、その通りです。でも、テーブルの下の犬も子供たちのパンくずを食べます」

すると彼はこう言った。「そういうことを言うのでしたら、帰りなさい。悪霊はあなたの娘から出て行きました」

女が家に帰ると、子供はベッドの上に横たわっていて、悪霊はすでに去っていた。

イエスはまずユダヤ人に布教して、イエス復活の後に使徒たちが全世界で布教活動を行なう、というのが神の道でした。

マタイによる福音書15章にも、ほぼ同じ記述が出てきて、そこではイエスはこの女性に、まず「私はイスラエルの迷える子羊たちのために遣わされた」と言っています。

ですから、イエスはギリシア人には布教の一環としての治療（奇跡）も行なわないつもりでいたのです。イエスの子供と犬の比喩は、イスラエルの民をまず救わなければならず、その他の人は後回し、という意味です。

しかし、この女性が、自分が犬同然の身分であることを認め、犬は子供のパンを奪わず、単にパンくずを食べる＝私はイスラエルの民に与えられ得る奇跡や幸福を奪いたいのではなく、そのおこぼれのお慈悲にありつきたいだけ、と答えました。

彼女の一言は、彼女が非常に謙虚で、イエスの威力を信じていることの証拠です。

ですから、イエスは、彼女は信仰心がある人間だと認めて、彼女の子供から悪霊を追い出してあげたのです（マタイによる福音書では、イエスの最後の一言は「あなたは素晴らしい信仰心を持っています。あなたの望みはかなえられました」となっています）。

リベラルな人々は、この記述を盾にとって「イエスも異邦人の娘を治療したので、オバマ・ケアが不法移民の健康保険もカヴァーしてあげるのはキリスト教の教えにかなっている」と主張します。

しかし、保守派キリスト教徒たちは、「イエスは信仰心の篤い人（改宗はしていなくても、心はしっかりキリスト教徒）に慈悲を与えて奇跡を起こしただけ」と解釈しています。

アメリカに不法入国して英語を学ぼうとさえしない不法移民の保険をアメリカ人が払う保険料や税金でカヴァーするのは、イエスがまさに反対している「子供たちのパンを取り上げて犬にやる」という行為に等しい、と考えているのです。

さらに、イエスが信心深さの象徴と解釈した「テーブルの下の犬も子供たちのパンくずを食べる」という女性の一言は、保守派キリスト教徒が大好きなトリクルダウン・エコノミー［富める者が富めば、貧しい者にも自然に富が浸透する、という経済理論］の正当性を証明するものだと思っています。

全く同じ聖書の記述が、正反対に解釈されるのですから、聖書は一筋縄ではいきません。

ただ、やはりこれも冷静な目で見ると、莫大な費用がかかるオバマ・ケアと信仰心さえあれば（悪霊を追い払う、という方法で）治してもらえるイエスの奇跡とを比べることには無理がある、と言えそうです。

ふだんは信心深いキリスト教徒を小馬鹿にしているリベラルな人々が、聖書を利用してオバマ・ケアを正当化しようとすることが、保守派キリスト教徒にとって、どれほどの侮辱なのかを、リベラルな人々はじっくり考えてみたほうがよさそうです。

リベラルな人々は、そもそも政治にキリスト教を持ち込むべきではないと考えているのですから、自分たちに都合のいい時だけ聖書を振りかざすのはやめたほうがいいでしょう。

第十六章　「銃」所持権は神聖な権利

〈合衆国憲法修正第二条〉

A well regulated Militia, being necessary to the security of a free State, the right of the People to keep and bear Arms, shall not be infringed.

しっかり統制された民兵は自由な国の安全保証にとって必要なので、国民が武器を所有し、携帯する権利は侵されてはならない。

Public Opinion Polls

●２００８年2月8日～10日にかけて18歳以上のアメリカ人１０１６人を対象にギャラップ社が行なった世論調査

あなたは合衆国憲法修正第二条は、アメリカ人の銃所持権を保証するものだと思いますか、それとも州兵などの民兵のみの銃所持権を保証するものだと思いますか?

アメリカ人の銃所持権を保証する……………………………73％
州兵などの民兵のみの銃所持権を保証する………………20％
無回答・分からない　…………………………………………7％

（銃所有者における内訳）

アメリカ人の銃所持権を保証する……………………………………91％

州兵などの民兵のみの銃所持権を保証する………………………6％

無回答・分からない…………………………………………………3％

（非銃所有者における内訳）

アメリカ人の銃所持権を保証する…………………………………63％

州兵などの民兵のみの銃所持権を保証する………………………28％

無回答・分からない…………………………………………………9％

●2010年10月7日～10日にかけてギャラップ社が18歳以上のアメリカ在住者1025人を対象に行なった世論調査

あなたは銃規制法に関してどう思いますか？

もっと厳しくすべきだ……………………………………………44％

（内訳　共和党派の26％、無党派の42％、民主党派の63％）

このままでよい………………………………………………………42％

（内訳　共和党派の58％、無党派の39％、民主党派の32％）

緩和すべきだ…………………………………………………………12％

（内訳　共和党派の16％、無党派の16％、民主党派の4％）

無回答・分からない……………………………………………………2％

一般人の拳銃所持に関してどう思いますか？

禁じるべきだ……………………………………………………29％
禁じるべきではない……………………………………………69％
無回答・分からない……………………………………………2％

●2008年の大統領選直後にギャラップ社が行なった世論調査
・銃所持者の64％がマケインに投票
・非銃所持者の63％がオバマに投票

●2005年10月13日～16日にかけて18歳以上のアメリカ人1012人を対象にギャラップ社が行なった世論調査

あなたの家には銃がありますか？

・「ある」と答えた人の内訳
共和党派の55％
無党派の36％
民主党派の32％
・「ない」と答えた人の内訳
共和党派の44％

無党派の62％
民主党派の67％

銃所有者へのアンケート

・犯罪対策・護身のために銃を使いますか？
はい…67％、いいえ…33％
・射的のために銃を使いますか？
はい…66％、いいえ…34％
・ハンティングのために銃を使いますか？
はい…58％、いいえ…42％

銃は抑止力

みなさんもよくご存じの通り、アメリカは登録さえすれば犯罪者や精神異常者以外、誰でも銃を所有できる国です。

民主党がガン・コントロールを強化しようとするたびに、保守派の人々が「ガン・コントロールとは（銃をうまくコントロールして）標的に命中させることだ」（Gun control means hitting what you aim at.）と言い、修正第二条を盾に厳しい銃規制に反対しています。

マイケル・ムーア監督の映画『ボウリング・フォー・コロンバイン』（2002年）に描かれている通り、ほとんどの州でスーパーマーケットでも銃と銃弾が買えるので、文字通り、銃は身近な存在なのです。

民主党系の人々は日本人と同じで、銃規制をもっと厳しくすべきだと考えています。

しかし、共和党系の人々は銃所持権は修正第二条に明記されている権利であり、みんなが銃を持っていれば、それが抑止力になって犯罪が減る、と本気で信じているのです。

コロンバイン・ハイスクール（1999年、死者13人）、ヴァージニア工科大学（2007年、死者32人）など、銃の乱射事件があるたびに、レッド・ステイツの人々は口々にこう言っています。

「教師か警備員、誰か一人でいいから銃を持っていたら、犯人を撃って被害者数を最小限にとどめられただろうに…」

このリアクション自体もごく一般の日本人にとってはオドロキですが、こうしたリアクションを示す人たちが敬虔なクリスチャンだ、という揺るぎない事実も、開いた口がふさがらないほどのオドロキではないでしょうか。

彼らが銃所持権を正当な権利だと主張する根拠となっている聖書の記述を見てみましょう。

まずはルカによる福音書22章の前半をかいつまんでご紹介しましょう。

祭司長と律法学者たちがイエスを殺すための方法を探していたときに、十二使徒の一人、ユダにサタンが取り憑きました。ユダは祭司長たちのところに行って、お金（銀貨30枚）と引き替えにイエスを引き渡すことにします。

このあと、最後の晩餐が始まり、自分の身に死が訪れることを知っているイエスは、「人の子は定めに従い去っていきます」と言うと、シモンが「牢獄でも死でも、あなたと一緒なら覚悟はできています」と言います。

その後、イエスは使徒たちにこう言っています。

〈ルカによる福音書22章36節〉

「財布のある者は財布を持ち、袋も持ち、剣のない者は着物を売って剣を買いなさい」

使徒たちはイエスと一緒に布教の旅をしている間は、イエスの力に守られていたので、財布も袋（旅の袋、旅行鞄）も自己防衛のための剣も必要ありませんでした。しかし、イエスが定めに従って死んだ後の布教活動にはお金もいるし、それなりの旅支度も必要だし、追いはぎ（当時のユダヤには強盗がはびこっていました）とか敵意溢れる異教徒に備えて「剣」も必要だ、ということです。

ですから、イエスは少なくとも自己防衛のために武器を携帯することは許していた、と言えます。

実は、このすぐ後、イエスが捕らえられるシーンで、彼を守ろうとする人が剣で大司祭の手下の耳を切り落としたとき、イエスは「やめなさい」と命じて、耳に触って傷を癒しています。

同じシーンを描いているマタイによる福音書26章52節では、この時イエスはこう言っています。

「剣をもとに納めなさい。剣を使う者はみな剣によって滅びるのです」

この一言は、「イエスは平和主義者だった」と主張するリベラルな人々のお気に入りのフレーズです。

しかし、保守派キリスト教徒たちは、例によって全く違う解釈をしています。

まず、イエスの一言の前半に関して。

そもそもイエスは人々の罪を救うために死ななければならなかったのです。それがイエスの運命で、その運命を全うするために地上に現れたのです。ですから、祭司長たちの手下に斬りかかる行為（彼が捕らえられ、十字架にかけられて殺されることを妨げようとする行為）は、神が定めた運命に逆らうものなので、イエスは「剣をもとに納めなさい」と言った、と彼らは解釈しています。

つまり、この一言はこの瞬間のみに適応する言葉で、「人は剣というものを使ってはいけない」と言っているわけではない、というわけです。

後半は一般論ですが、これも私利私欲のため、あるいは不当なリヴェンジのためなどに武器を使ってはいけない、という意味であり、邪悪に立ち向かうために、邪悪から身を守るために武器を使うことを禁じたものではない、と保守派キリスト教徒たちは解釈しています。

そして、彼らは、よくこう言っています。

「百歩譲歩して、たとえ『剣（武器）を使ってはいけない』という意味だったとしても、悪者を威嚇するために武器を携帯することは禁じられていないので、抑止力としての銃所持はキリスト教の精神にかなっている」

超読としか言えない彼らの読解力には感嘆せざるを得ません。

とはいえ、彼らは決して暴力的な思想を持っているわけではありません。

単に、平和を達成するため、暴力から身を守るためには銃が必要だと信じている、というだけのことなのです。

19世紀に拳銃を作ったサミュエル・コルト氏が設立した銃器メーカー、コルト社のいちばん有名な拳銃の名前が「Peacemaker（平和を作るもの）」であることも、彼らの考え方を雄弁に物語っています。

ちなみに、19世紀初期の銃は扱い方が難しく、訓練を受け、ある程度腕力のある人にしか使いこなせませんでした。

しかし、コルト社が開発したリヴォルヴァー（輪胴式連発拳銃）は、女性や子供でも簡単に使え、弱者も悪者たちに立ち向かえるようになったため、コルト社のリヴォルヴァーは「The Great Equalizer（人々を平等にする素晴らしいもの）」と呼ばれるようになったのです。

アメリカでは、よくGod created man, Sam Colt made them equal.（神が人間を創造し、サム・コルトが人間を平等にした）と言われますが、この一言にも、「平和を銃で勝ち取った」という多くのアメリカ人の心の根底に流れるフロンティア精神を垣間見《かいまみ》ることができます。

保守派キリスト教徒は護身、ハンティングのために銃を使うことを神の意志にかなう正当な行為だと信じています。

〈護身〉
犯罪者＝邪悪に立ち向かう、あるいは犯罪者＝邪悪から身を守るためには銃が必要で、邪悪対策としての銃は、キリスト教の精神にかなうものである。
〈ハンティング〉
動物は人間が消費するために神が創造したものだから、食用、娯楽のために撃ち殺すのは、神が人間に与えてくれた権利である。

さらに、彼らは、もともとアメリカはキリスト教徒の国だと思っているので、合衆国憲法修正第二条が保証している銃所持権は神によって与えられた権利に等しい、と確信しているのです。

修正第二条の異なる解釈法

次に、冒頭でご紹介した修正第二条に関して詳しくお話ししましょう。

この原案が作られたのは1789年。

当時は警察組織が整っていなかったので、自己防衛のためにはどうしても銃が必要で、こういう条項が憲法に付け足されました。

当時のアメリカ人が使っていたのはマスケット銃（歩兵銃）です。これは、重い弾丸を前から詰めなくてはならなかったので、装塡に時間がかかりました。

ですから、リベラルな人々は、「建国の父たちが銃所持権を認めたのはしっかり統制された民兵のみであり、所有権が認められた銃もマスケット銃で、マシンガンやコルトのリヴォルヴァーではない」と思っています。

しかし、保守派と中道派の多くは、この修正条項は「誰もがどんな銃でも所有する権利がある」という意味だと信じていて、2010年6月28日、最高裁も5対4でこの解釈が正しい、という判決を下しました。

この判決が下されたのは、「マクドナルド氏 対 シカゴ市」という裁判です。

「拳銃、ライフル、ショットガンなどの銃の所有を禁じる」というシカゴ市の条例が修正第二条違反だとしてシカゴ在住のオーティス・マクドナルド氏が、シカゴ市を相手取って起こした裁判です。

マクドナルド氏は70歳の黒人男性。彼の家の近隣は黒人ギャングの溜まり場と化していて、彼の家は何度も強盗に襲われていたので、護身のために銃が必要で、銃所持権は修正第二条で認められている、と主張しました。

銃所持禁止法を守るのは善人だけで、悪人は不法な手段で銃を手に入れるから、シカゴ市の条例は善人の自己防衛手段を取り上げる悪法だ、とシカゴ市を批判しました。

最高裁は彼の意見を全面的に認めて、犯罪者や精神異常者以外の人々の拳銃所持は修正第二条で認められた権利だ、という判決を下したのです。

黒人最高裁判事クラレンス・トーマス氏は、判決に際して、下記のような文書を添えています。

KKKやホワイト・カメリア騎士団、ホワイト・ブラザーフッド、ペイル・フェイスィズ、76アソシエーションなどの（白人優越主義者の）民兵は黒人の間に恐怖心を広めていた。（中略）自己防衛として銃を用いることが、黒人市民にとって集団暴行から我が身を守る唯一の方法である場合が多かった。

マクドナルド氏のように銃による犯罪が日常茶飯事という地区に住んでいる人にとっては、銃は自己防衛のための「必需品」だと信じている人々が圧倒的に多いのです。

ハリウッドのスターたちやインテリ層の人々は銃規制強化を訴えていますが、アメリカ人の過半数が「彼らは銃犯罪のない安全な地域に住んでいるから、きれいごとを言えるだけ」と思っています［お金持ちの多くは、防犯設備が整っている高い塀で囲まれた地域や、セキュリティがしっかりしたビルに住んでいます］。

90年代に銃規制強化派の顔として活躍していた元女優、ロージー・オドネルが自分のボディガードには銃を持たせていたことが発覚したときは、銃所持擁護派の人々が、「やっぱりねぇ」と銃規制強化派の人々の偽善を冷笑していました。

銃が自己防衛ではなく犯罪に使われることに関しては、銃所持擁護派はGuns don't kill people. People do.（人殺しをするのは銃ではなく、人間だ）というスローガンのもとで、銃を取り締まるのではなく、犯罪者を取り締まれ、と言っています。

殺される人の数という観点から見れば、銃犯罪の犠牲者よりも交通事故による死者数のほうが圧倒的に多いのですが、当然ながら、警察はクルマを取り締まることはなく、事故を起こした運転手を逮捕します。

それと同じで、平和達成のためには銃そのものではなく、銃で犯罪を起こす悪者を取り締まるべきだ、というのが銃所持擁護派の意見です。

保守派クリスチャンにとって、銃は邪悪に立ち向かい、自分を守る武器としてなくてはならないものです。この世の中には邪悪が実在し、人間というものは常に神に祈りを捧げて精進を続けない限り、悪の誘惑に陥りやすい、という「性悪説」を信じている保守派キリスト教徒と、法律で銃所持を禁じれば銃がこの世からなくなると思っている「性善説」のリベラルな人々との間の溝は、やはり当分埋まることはなさそうです。

ちなみに、アメリカでは、銃乱射事件があるたびに、銃のセールスが上がります。

これは、それまで銃を持っていなかった人々が銃犯罪に備えて護身用に銃を買い、すでに銃を持っている人々が事件のせいで銃規制が厳しくなることを恐れて、規制強化の前に買いだめをしなければならない、という強迫観念に襲われてしまうためです。

２０１１年1月にアリゾナ州選出、民主党のガブリエル・ギフォーズ下院議員が撃たれた銃乱射事件の後は、身の危険を感じた民主党議員が「私も銃を持つことにした」と発言したり、中道派の共和党の議員が銃規制強化を提案したため、銃のセールスが6割以上も上がりました。

第十七章　「死刑」は聖書の教えにかなったものか

Public Opinion Polls

●２０１０年10月7日～10日にかけてギャラップ社が18歳以上のアメリカ人の１０２５人を対象に行なった世論調査

有罪になった殺人犯に対して死刑という処罰を与えることにあなたは賛成ですか？

賛成……………………………………64％（共和党派の78％、民主党派の55％）
反対……………………………………29％（共和党派の16％、民主党派の42％）
どちらとも言えない…………………………………………………………7％

殺人に対する処罰として、あなたは死刑、終身刑のどちらがいいと思いますか？

死刑……………………………………………………………………………49％
終身刑…………………………………………………………………………46％
どちらとも言えない…………………………………………………………5％

死刑が科せられる頻度に関して、どう思いますか？

頻度が高すぎる……………………………………18％
ちょうどいい……………………………………26％
頻度が低すぎる…………………………………49％
どちらとも言えない……………………………7％

死刑は公平に適用されていると思いますか？

思う……………………………………………58％
思わない………………………………………36％
どちらとも言えない…………………………6％

州法で死刑を認めている35州

アラバマ、アリゾナ、アーカンソー、カリフォルニア、コロラド、コネチカット、デラウェア、フロリダ、ジョージア、アイダホ、イリノイ、インディアナ、カンザス、ケンタッキー、ルイジアナ、メリーランド、ミシシッピー、ミズーリ、モンタナ、ネブラスカ、ネヴァダ、ニューハンプシャー、ノースキャロライナ、オハイオ、オクラホマ、オレゴン、ペンシルヴァニア、サウスキャロライナ、サウスダコタ、テネシー、テキサス、ユタ、ヴァージニア、ワシントン、ワイオミング

死刑を廃止した15州とワシントンDC（ ）内は死刑を廃止した年

アラスカ（1957）、ハワイ（1945）、アイオワ（1965）、メイン（1887）、マサチューセッツ（1984）、

ミシガン（1846）、ミネソタ（1911）、ニュージャージー（2007）、ニューメキシコ（2009）、ニューヨーク（2007）、ノースダコタ（1973）、ロードアイランド（1984）、ヴァーモント（1964）、ウェストヴァージニア（1965）、ウィスコンシン（1853）、コロンビア特別区［ワシントンDC］（1981）

バイブル・ベルト（福音主義者が多い州）

アラバマ、アーカンソー、フロリダ、ジョージア、イリノイの一部、インディアナの一部、カンザス、ケンタッキー、ルイジアナ、メリーランドの一部、ミシシッピー、ミズーリ、ノースキャロライナ、オハイオの一部、オクラホマ、サウスキャロライナ、テネシー、テキサス、ヴァージニア、ウェストヴァージニア

処刑者数

1976年〜2010年までの処刑者数……1233人

・2009年の処刑者数……52人

・2010年の処刑者数……45人

バイブル・ベルトと呼ばれる地域（濃い部分）

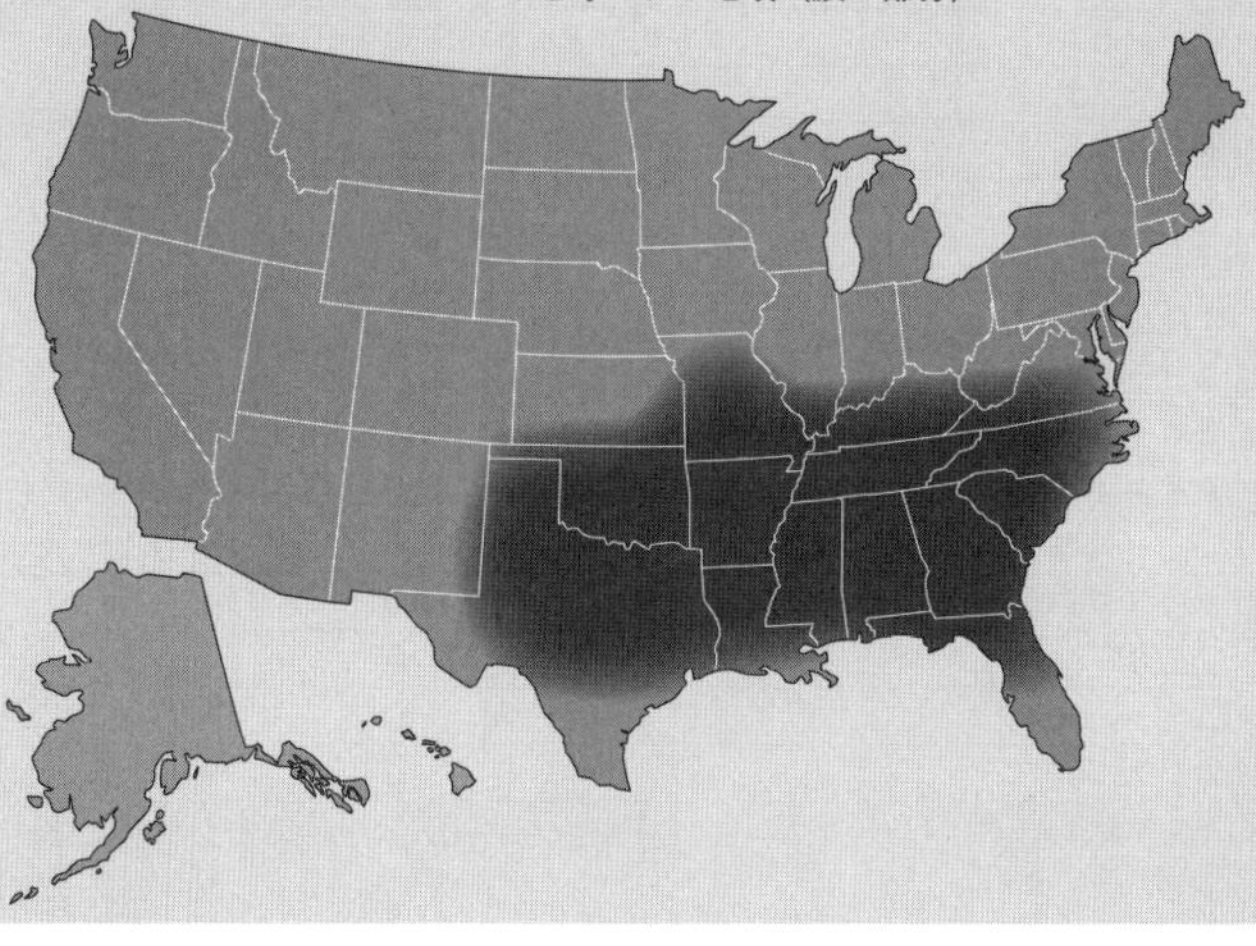

州ごとの処刑者数

	1976年〜2010年	2009年	2010年
テキサス	464	24	17
ヴァージニア	108	3	3
オクラホマ	93	3	2
フロリダ	69	2	1
ミズーリ	67	1	0
アラバマ	49	6	5
ジョージア	48	3	2
ノースキャロライナ	43	0	0
サウスキャロライナ	42	2	0
オハイオ	41	5	8
ルイジアナ	28	0	1
アーカンソー	27	0	0
アリゾナ	24	0	1
インディアナ	20	1	0
デラウェア	14	0	0
カリフォルニア	13	0	0
ミシシッピー	13	0	3
イリノイ	12	0	0
ネヴァダ	12	0	0
ユタ	7	0	1
テネシー	6	0	2
メリーランド	5	0	0
ワシントン	5	0	1
ネブラスカ	3	0	0
モンタナ	3	0	0
ペンシルヴァニア	3	0	0
ケンタッキー	3	0	0
オレゴン	2	0	0
コロラド	1	0	0
コネチカット	1	0	0
アイダホ	1	0	0
ニューメキシコ	1	0	0
サウスダコタ	1	0	0
ワイオミング	1	0	0
ニューヨーク	0	0	0
カンザス	0	0	0

(合衆国憲法は死刑を認めているので、連邦政府も1976年から2010年までの間に3人処刑しています)

死刑は正当な刑罰!?

アメリカでは連邦政府、及び35州が死刑を認めていて、アメリカ人の大多数は殺人犯に対する死刑を支持しています。

カトリックとリベラルなキリスト教徒は十戒の一つ「汝《なんじ》、殺すなかれ」と、「汝の敵を愛せよ」というイエスの有名な言葉を根拠に死刑に反対していますが、福音主義者たちは死刑はキリスト教の主義主張にかなう正当な刑罰だと主張しています。

福音主義者たちは、戦争を扱った章（２４３ページ参照）でもご紹介する伝導の書の記述を根拠に、死刑は聖書の教えにかなうものだと言っています。

〈伝道の書3章1節〜3節〉
天の下ではあらゆることに季節があり、
全ての営みに時がある。
生まれる時があり、死ぬ時がある。
植える時があり、植えたものを引き抜く時がある。
殺す時があり、癒す時がある。
崩す時があり、建てる時がある。

このように、確かに聖書に「殺す時がある（殺すという行為を行なうのにふさわしい時がある）」と記されています。

この一言の英訳はtime to killですが、kill（殺す）の部分の原語（ヘブライ語）はharagで、文字通り「殺す、虐殺する」という意味です。

一方、「汝、殺すなかれ」のkillの原語（ヘブライ語）はratsachで、この単語は「計画的で、故意の殺人を犯す」という意味で使われることが多いのです。

ですから、福音主義者たちは「十戒は計画的で故意の殺人は禁じていても、戦争や自己防衛の殺人、死刑を禁じているわけではない」と主張しているのです。

ところが、福音主義者が死刑の正当性を主張するときによく引用する民数記にもratsachが使われているので、話はきわめて複雑です。


〈民数記35章30節〉

もし誰かが人を殺したら［nakahしたら］、証人の証言をもとにその殺人者［ratsachした人］を殺さなければ［ratsachしなければ］ならない。しかし、一人の証人の証言だけでは死刑にするには不十分だ。


（nakahは、「打つ、殺す」という意味で、特に殺意があって殺す、というニュアンスではありません）

死刑という処罰で殺さなければならない、というときもratsachが使われているということは、死刑も故意の殺人というニュアンスになるのではないでしょうか。

そのためリベラルな人々は、「十戒ではratsachを禁じているのに、民数記では認めているなんて、そもそも聖書には矛盾が多すぎるから、聖書を道徳の根拠にするのはよくない」と考えています。

しかし、福音主義者たちは、十戒は個人によるratsachを禁じているのであり、司法を司る権威が計画的に人を殺すという行為（死刑）を行なうことを禁じたものではないので民数記の記述と矛盾しない、という解釈をしています。

例によって、聖書の行間を読んでしまう福音主義者の読解力には感心せざるを得ません。

次に、申命記を見てみましょう。


〈申命記19章21節〉

憐れんではならない。命には命、目には目、歯には歯、手には手、足には足を。


リベラルな人々は、これは非常に残酷な刑罰だと思っています。

しかし、福音主義者と保守派キリスト教徒の一部は、この記述は「喧嘩などで片目をつぶされたのに、その罰として相手の両目をつぶしてはならず、被害者が受けたのと同じ被害を加害者に罰として与えるにとどめよ」という意味だと解釈しています。

ですから、彼らは、これは過度な懲罰を禁じたリーズナブルな処罰だと信じていて、残酷どころか温情溢れる裁き方だと思っているのです。

イエスは、「目には目を」という処罰、あるいは報復を禁じ、「敵を愛せよ」と教えています。

もう一度、おさらいをしておきましょう。

〈マタイによる福音書5章38節〜39節〉
「目には目を、歯には歯を」と言われたのをあなたがたは聞いています。しかし、私はあなたがたに告げます。邪悪な者に反抗してはいけません。あなたの右の頬を打つ者に左の頬も向けなさい。

〈マタイによる福音書5章43節〜44節〉
「汝の隣人を愛し、汝の敵を憎め」と言われたのをあなたがたは聞いています。しかし、私はあなたがたに告げます。あなたの敵を愛し、あなたを迫害する者のために祈りなさい。

死刑に関しても、同じ聖書を読んでいてもリベラル派と保守派は重点を置く記述、解釈法が全く違うので、いくら討論をしても全く接点が見いだせません。

ちなみに、民主党派の人々の55％も殺人犯に対する死刑に賛成しているのは、アメリカでは残虐な殺人事件が日本より多いからでしょう。

しかし、1990年代後半以降、死刑囚がDNA鑑定によって冤罪《えんざい》だったことが証明されて自由の身になるというケースがいくつかあったため、死刑反対運動が高まっていることは事実です。

ところが、アメリカ人の多くは、疑いの余地のない証拠によって有罪になった殺人犯は死刑にすべきだ、と考えています。

2011年5月2日、国際テロ組織アルカイダの最高指導者、オサマ・ビン・ラディンが米軍特殊部隊に殺害されたとき、非常にリベラルなごく一部の人々は「殺さずに捕まえて裁判にかけるべきだった」と言っていたものの、アメリカ人の大半が「正義にかなった正当な措置だった」と暗殺を歓迎していました。

最後に彼らの考え方を最もよく言い表わしているビル・マーというアンチ・クリスチャンでリベラルなコメディアンの一言をご紹介しておきましょう。

I am for the death penalty. Let's kill the right people.
（僕は死刑賛成派だ。死刑に処せられるべき人［疑いの余地がない証拠で有罪になった人］は殺そうじゃないか）

第十八章　悪魔は実在する！

Public Opinion Polls

●2007年11月7日～13日にかけてハリス・インタラクティヴ社（マーケティング・リサーチ専門会社）が2455人のアメリカ人の成人を対象に行なった世論調査

あなたは神が存在すると信じていますか？

信じている……………………………………………………82%
信じていない…………………………………………………8%
無回答・分からない…………………………………………10%

あなたは天使が存在すると信じていますか？

信じている……………………………………………………74%
信じていない…………………………………………………12%
無回答・分からない…………………………………………14%

あなたは悪魔が存在すると信じていますか？

信じている……………………………………62％
信じていない…………………………………23％
無回答・分からない…………………………15％

あなたはイエス・キリストが再臨すると信じていますか？

信じている……………………………………70％
信じていない…………………………………16％
無回答・分からない…………………………14％

あなたは天国が存在すると信じていますか？

信じている……………………………………75％
信じていない…………………………………12％
無回答・分からない…………………………13％

あなたは地獄が存在すると信じていますか？

信じている……………………………………62％
信じていない…………………………………22％

無回答・分からない……16%

「信じている」と答えた人の宗派別パーセンテージ

	全体	カトリック	プロテスタント	新生派
・神	82%	92%	95%	97%
・天使	74%	85%	87%	95%
・悪魔	62%	73%	79%	92%
・キリスト	70%	87%	90%	95%
・天国	75%	90%	90%	97%
・地獄	62%	75%	78%	92%

●2009年4月にバーナ（キリスト教の団体）が1871人のキリスト教徒を対象に行なった調査

悪魔は実体のある生き物ではなく、邪悪のシンボルだと思いますか?

確実にそうだと思う……40%
たぶんそうだと思う……19%
絶対にそうではないと思う……26%
たぶんそうではないと思う……9%

悪魔が存在するかどうか分からない……6%
（新生派の大半が「絶対にそうではない」と回答）

悪霊が人間に影響を及ぼすことがあると思いますか？

絶対にあると思う……39%
たぶんあると思う……25%
絶対にないと思う……18%
たぶんないと思う……9%
無回答・分からない……9%

人は神か悪魔かどちらかを支持しなければならず、どっちつかずという曖昧な立場でいてはいけないと思いますか？

絶対にそうだと思う……61%
たぶんそうだと思う……15%
絶対にそうではないと思う……11%
たぶんそうでなくてもいいと思う……10%
無回答・分からない……3%

悪役がいるからヒーローが映える

アメリカのアニメやコメディ映画で、何かを考えている人（または動物）の右肩の上に天使、左肩の上に悪魔が現れて、前者が善意のアドヴァイス、後者が入れ知恵をしているというシーン、みなさんも見たことがあるのではないでしょうか？

これは、まさに一般的なキリスト教徒が抱いている「天使と悪魔」のイメージです。

多くのキリスト教徒は、天使や悪魔が手で触れることのできる実体のある存在だとは思っていないまでも、善悪のシンボルとして自分たちの意識の中に存在することは認めているのです。

そして、なんらかの選択を迫られたときに、心の中で聞こえる良心の声は天使の忠告、悪事への誘惑の声は悪魔の入れ知恵だと信じている人が少なくありません。

保守派キリスト教徒は「この世は善である神と悪である悪魔の戦いの場で、信者たちは神の教えに従って、悪魔の誘惑に打ち勝ち、悪を駆逐しなければならない」と信じています。

ですから、彼らにとっては「キリスト教の神を信じる」ということとは、「神に対抗する存在である悪魔の存在も信じる」ということになるのです。イエスの存在を信じるのであれば、イエスの敵である悪魔の存在を信じないわけにはいかない、と言ったほうがいいかも知れません。

スパイダーマンやスーパーマン、バットマンなどのスーパーヒーローがスーパーヒーローであり得るのは、強力な敵がいるからこそです。敵がいない平和な世界だったら、スーパーヒーローの存在価値がなくなってしまいます。

それと全く同じで、キリスト教が宗教として成立するためには、イエスのパワーの絶対性を示すために強い敵としての悪魔の存在が必要なのです。敵が強ければ強いほどヒーローの偉大さが映えますから。

悪魔の正体

アメリカ人の多くが何らかの形で存在すると信じている悪魔とは、いったいどういうキャラクターなのでしょうか？

イザヤ書、エゼキエル書、ヨブ記などから、まず旧約聖書に出てくる悪魔の全体像をつかんでおきましょう。

〈悪魔の呼称〉

聖書では悪魔はSatan（サタン）、the devil（デヴィル）、Lucifer（ルシファー）の他、the wicked one（邪悪な者）、the father of lies（虚偽の父）、the Lord of Death（死の主）、the ruler of demons（悪霊たちの支配者）、the accuser（告発者）、adversary（敵）、angel of light（光の天使）、the Antichrist（反キリスト者）、the beast（獣）、Beelzebub（ベルゼブル、魔王）、the great dragon（巨大な竜）、the enemy（敵）、the evil one（邪悪な者）、the god of this age（この世の神）、the king of Babylon（バビロンの王）、lawless one（不法の人）、liar（偽り者）、murderer（人殺し）、the ruler of this world（この世の支配者）、the serpent of old（古い蛇）、the tempter（試みる者、誘惑する者）など、様々な名前で呼ばれています。Satanはヘブライ語で「敵、反対者」という意味です。

〈悪魔の生い立ち〉

悪魔は、神によって創造された強力で美しい天使でした。しかし、神に仕える天使という身分ではなく自分自身が神になりたい、という傲慢な心を持ったため、天国から追い出されてしまいました。「堕天使」とも言われる所以《ゆえん》です。

〈悪魔のお仕事〉

人をそそのかして悪事をはたらかせることが悪魔のお仕事です。悪魔の手下はdemonで、日本語では「悪霊」と訳されています。evil spirit（邪悪な霊）やunclean spirit（汚れた霊）も同じような意味で使われています。

悪魔の全体像がつかめたところで、次にキリスト教において悪魔がいかに重要な役割を果たしているかを物語る聖書の引用を見てみましょう。

まず、キリスト教徒にとって非常に重要なイエスと悪魔の対決シーンから。

〈マタイによる福音書4章1節〜11節〉

イエスは、悪魔の試みを受けるために、御霊に導かれて荒野に行った。彼は40日、40夜断食した後、空腹になった。試みる者がやって来て、イエスに言った。「もしあなたが神の子なら、これらの石をパンに変えよ」イエスは答えた。「『人はパンのみにて生きるのではなく、神の口から出る一つひとつの言葉によって生きる』と書いてある」

すると、悪魔はイエスを聖なる都に連れて行き、神殿のいちばん高い所に立たせて、こう言った。「もしあなたが神の子なら、下に身を投げよ。『神はあなたの足が石にあたらないように天使たちに手であなたを支えよと命じる』と書いてある」

イエスは答えた。「『あなたの神である主を試みてはならない』とも書いてある」

次に悪魔はイエスを非常に高い山に連れて行って、この世の全ての国々とそれらの栄華を彼に見せてこう言った。「もしひれ伏して私を崇めれば、この全てをあなたに与える」

イエスは彼に言った。「サタンよ、消え去れ。『あなたの神である主を崇め、主のみに仕えよ』と書いてある」

すると悪魔はイエスから離れ、天使たちがやって来てイエスに仕えた。


［「人はパンのみにて生きるのではなく〜」は申命記8章3節、「神はあなたの足が〜」は詩篇91章11節〜12節、「あなたの神である主を〜」は、申命記6章16節からの引用。「あなたの神である主を崇め〜」は、十戒からの引用です］

荒野でイエスが悪魔に試される、というこの記述は、聖書の中でも引用される率が非常に高いポピュラーなお話です。

クリスチャンは、人生で様々な試練に直面したときや、日本語で言うところの〈ちょっと魔が差した〉ときなどに、この記述を思い出して、イエスと同じように誘惑に負けずに正しい選択肢を選ぼうとするのです。

キリスト教徒の道徳心の基盤となっているこのお話は悪魔がいるからこそ成り立っていると言えるでしょう。

次に、イエスや使徒たちによる「悪霊追放」に関して見てみましょう。

イエス・キリストが活躍した時代の人々は、悪霊（＝悪魔の手下）に取り憑かれたせいで病気になったり、身体的障害を被ることがある、と信じていました。また、人々が悪いことをするのも悪霊のせいだと信じていました。そのため、イエスや彼の使徒たちは悪霊を追い出す（＝悪魔払いをする）ことで病気や身体的障害を治す、不正をただす、という奇跡を起こしていました。

こうした奇跡に関する記述をいくつかご紹介しましょう。

〈マタイによる福音書8章16節〉

夕方になると、人々は悪霊に取り憑かれた者たちを大勢イエスのもとに連れて来た。そしてイエスは御言葉をもって霊を追い出し、病気の人々を全員癒した。

〈ルカによる福音書11章14節〉

イエスは口のきけない者から悪霊を追い出していた。悪霊が出て行くと、口がきけなかった者が話し始めたので、群衆が驚嘆した。

〈マタイによる福音書10章1節〉

イエスは12人の弟子を呼び寄せ、邪悪な霊を追い出す権威を彼らに与えた。霊を追い出して、あらゆる病気、あらゆる疾病《しっぺい》を癒すためだった。


〈使徒行伝16章16節～18節〉

我々が祈りの場に向かっているとき、予知の霊に取り憑かれた若い女奴隷に出会った。彼女は占いによって、主人たちに多額の金を儲けさせていた。

彼女はパウロと我々のあとについて来て、こう叫んでいた。「この人たちは、最高位の神の僕《しもべ》で、あなたがたが救われる方法を教えているのです」

彼女が何日もこういうことを続けたので、ついにパウロは困り果て、振り返ってその霊に「イエス・キリストの御名において命じる。この女から出て行け」と言った瞬間に、霊は出て行った。


［予知の霊に取り憑かれる、というのは、古代ギリシアの巫女《みこ》のように神々からのお告げを受ける能力がある、ということで、キリスト教徒にとってはいかにも異教徒のような行為なので、悪魔の仕業に違いない、と思えるわけです］

キリスト教を信じる＝イエスや使徒たちが行なった奇跡を信じる、悪霊を追い出すこと＝神の力のなせる業《わざ》、という方程式に従うと、キリスト教の神を信じる、ということは、悪魔の存在をも信じる、ということになります。

「エクソシスト」はマジメなお仕事

アメリカには、24時間キリスト教関連の番組を放送しているキリスト教専門チャンネルが15局以上あり、それらの多くでテレビ伝道師（TV preacher）と呼ばれる牧師さんたちが大観衆の前でお説教をするミサを放送しています。

テレビ伝道師の中には、観衆から病気の人を募り、彼らの額に手を当てて、「悪霊よ、出て行け」と叫び、信者たちの目の前で病気を治す（＝悪魔払いをする）という離れ業《わざ》をやっている人も少なくありません。

非信者から見ると「やらせ」としか思えなくても、ベニー・ヒン牧師などの有名なテレビ伝道師のもとには、「信仰の力、神様のおかげで病気が治った」という宣誓供述書が何千通も寄せられています。

ローマ法王庁にはエクソシスト（悪魔払い祈祷師）が実在し、１９８６年以来ローマ法王庁のオフィシャル・エクソシストを務めているガブリエル・アモート神父は、25年の間に約7万件のエクソシズム（悪魔払い）を行なっています。

１９９０年に国際エクソシスト協会を設立したアモート神父は、２０１０年3月に「（ローマ・カトリック教会の神父たちによる）子供への性的虐待は悪魔のせいだ」と発言。

２０１０年11月には、アメリカで「悪魔に取り憑かれた」という人が急増したため、アメリカのカトリック教会がエクソシスト養成講座を強化した、という話題が大きなニュースになりました。

こうしたことからも、保守派キリスト教徒の多くが、「この世の諸悪の根源は悪魔で、悪いことは悪魔の仕業」と本気で信じていることがよく分かります。

ですから、彼らの中には、アル中も麻薬中毒も同性愛も悪事を働くことも全て悪魔の仕業なので、祈りで治せる、と大マジメに信じている人も少なくないわけなのです。

原理主義思想を持つブッシュ氏が大統領だった時代に、刑務所での布教活動やエイズ防止のための祈りの教育（祈ることによって性欲を抑圧する）に連邦政府の資金を与えていたのは、このためなのです。

ブッシュ氏のような福音主義者に代表される保守派キリスト教徒は、「全ての悪は悪魔の仕業、この世は善と悪の戦いの場」という単純明快な世界観を持っています。

彼らのこのような見解を裏付ける聖書の記述をご紹介しておきましょう。

イエスは、悪霊に取り憑かれた盲人から悪霊を追い出して目が見えるようにした後に、彼の悪魔払いの力を疑う人たちを戒めてこう言っています。

〈マタイによる福音書12章30節〉

私の味方でない者は私に逆らう者であり、私と共に集めない者は、散らす者です。

［後半部分は、羊飼いであるイエスと一緒に羊を集めて羊の群れを守らない人間は、オオカミである悪魔と一緒に羊の群れをまき散らして、群れから離れた羊を襲って殺す悪者だ、という意味です］

9・11の後、ブッシュ元大統領が諸外国に対して発したYou're either with us or with the terrorists.（我々［米国］につくか、テロリストにつくか）という最後通告の出所が、これで明らかになったと思います。

ブッシュ政権とその支持者たちは、テロに対する戦いを、「善であるキリスト教のアメリカvs.悪魔の戦い」と解釈していたのです（詳しくはイラク戦争について述べた第十九章参照）。

また、レーガン元大統領が当時のソ連のことを「evil empire（邪悪な帝国）」と呼んだときも、保守派キリスト教徒たちの一部は、「共産主義者たちは悪魔の手先だ」と本気で信じていました。

この世の中には善と悪しか存在せず、中間の灰色の部分などない、という単純明快な善悪二元論の思想は、非常に分かりやすいのでどうしても人気を集めがちです。

ちなみに、福音主義者の多くは、悪魔が天国から追放された理由［悪魔が自分自身が神になりたいと思ったから］は、悪魔が神の権力と権威を妬《ねた》んだからだと信じています。

そして、7つの大罪の一つである「嫉妬」は特に悪魔的な罪であると思っているため、富の再分配、及び金持ちへの重税という民主党の政策は金持ちに対する嫉妬に起因するものであり、反キリスト的だと信じているのです。

第十九章　正義の戦士、イエス・キリスト

Public Opinion Polls

●2003年3月20日にイラク戦争が始まる直前、3月13日～16日にかけてピュー・リサーチ・センターが1032人のアメリカ人の成人を対象に行なった世論調査

あなたの教会の聖職者は戦争に関する話をしましたか？

	話をした	戦争支持の話をした	反戦の話をした
・福音主義教会	57%	15%	3%
・プロテスタント教会	54%	1%	7%
・カトリック教会	60%	0%	14%
・黒人の教会	66%	5%	38%

[福音主義者の77%、プロテスタント、及びカトリックの62%がサダム・フセインの支配を終わらせるためにイラク戦争をすることに賛成しているのに対し、黒人のプロテスタントの賛成者は36%で、無神論者、及び無宗教の人々は賛成44%、反対44%]

●2003年3月20日〜22日にかけてCBSニュースが1351人のアメリカ人の成人を対象に行なった世論調査
あなたはイラクでのアメリカの軍事行動を誇りに思いますか？
誇りに思う　…………………63%（内訳　共和党派の85%、民主党派の47%）
誇りに思わない………………28%（内訳　共和党派の9%、民主党派の46%）

イエスは単なる平和主義者ではなかった⁉

リベラルな人々は、イエスは平和主義者だと思っていますが、保守派キリスト教徒は、イエスは正義のために戦う戦士だと信じています。

まず、リベラルな人々が自分たちの主張の根拠として挙げる超有名なイエスの言葉を見てみましょう。


〈マタイによる福音書5章9節〉

平和を作る者は幸いです。彼らは神の子供たちと呼ばれるからです。


〈マタイによる福音書5章38節〜39節〉

「目には目を、歯には歯を」と言われたのをあなたがたは聞いています。しかし、私はあなたがたに告げます。邪悪な者に反抗してはいけません。あなたの右の頬を打つ者に左の頬も向けなさい。

〈マタイによる福音書5章43節〜44節〉

「汝《なんじ》の隣人を愛し、汝の敵を憎め」と言われたのをあなたがたは聞いています。しかし、私はあなたがたに告げます。あなたの敵を愛し、あなたを迫害する者のために祈りなさい。

リベラルな人々は、これらの記述からイエスは平和を説く「博愛主義者」とか、「非暴力・無抵抗主義者」だった、と主張しています。

おそらくこれは、多くの日本人がイエスに対して抱いているイメージと合致するものでしょう。

しかし、保守派キリスト教徒は、ヨハネの黙示録に出てくる「戦士」としてのイエスこそが真のイエスだと信じています。

そして、「右の頬を打たれたら左の頬も向けろ」に関しても、彼らは全く違う解釈をしているのです。

まず、この一言の背景に関する歴史学者、文化人類学者、聖書学者たちの見解をご紹介しましょう。

当時のイスラエルは名誉を重んじて不名誉を恥じる社会で、対等な地位の人たちが名誉のために喧嘩をするときは右手の拳《こぶし》で殴り合っていた（＝殴られるのは左の頬）。

しかし、自分より身分の低い人や奴隷を叱咤《しった》するときは、右手の甲で頬をひっぱたいていた（＝打たれるのは右の頬）。

つまり、「右の頬を打つ」というのは相手を侮辱したり、相手に対して屈辱を与える行為であった。

そのため、保守派キリスト教徒たちは、イエスのこの一言は「奴隷や召使い、取るに足らない人間のごとく扱われて右手の甲で右頬を打たれたら、左の頬を向けて、相手に右手の拳で殴らせることを強いよ（＝自分を対等な人間として扱わせろ）という意味である」と解釈しています。

この解釈だと、イエスは非暴力を説いてはいても、決して単なる無抵抗主義者ではなく、むしろ暴君や抑圧者に対して反抗的・挑発的な態度で臨め、と説く反骨精神のある反体制運動家だったのだろう、と思えてきます。

正義のための戦争には荷担しよう！

次にローマ人への手紙に記されたパウロの言葉を見てみましょう。

〈ローマ人への手紙12章19節〉
親愛なる友たちよ、自分で復讐をせず、神の怒りに任せなさい。「主が言う。復讐は私がすることである。私自身が報復する」と書いてあるからです。

リベラルな人は、「邪悪な者たちへの復讐は神がやってくれるから、人間が戦争を起こして邪悪を罰する必要はない」と解釈していますが、保守派キリスト教徒は「邪悪な者たちへ神が復讐するときは、キリスト教徒も神の復讐に参戦すべき」と考えているのです。

実は、このすぐ後（ローマ人への手紙12章20節）でパウロはこう言っています。

むしろ、もしあなたの敵が飢えていたら食べさせ、乾いていたら飲み物を与えなさい。そうすることによって、あなたは彼の頭に燃える石炭を積むことになります。邪悪に負けてはいけません。善を持って邪悪に勝ちなさい。

［「彼の頭に燃える石炭を積む」は、「敵を恥じ入らせて、後悔させ、敵の頭を痛める」という意味］

これは、どう考えても非暴力、反戦を説いているとしか思えません。
しかし、保守派キリスト教徒は、これはあくまでも基本方針であって、悪に善で対抗しても敵が後悔しないときは戦争もあり得る、と考えています。
保守派キリスト教徒が戦争もあり得る、と主張する根拠として最も頻繁に引用するのは死刑を扱った章（221ページ参照）でもご紹介した伝道の書に出てくるこの記述です。

〈伝道の書3章1節〜3節〉
天の下ではあらゆることに季節があり、
全ての営みに時がある。
生まれる時があり、死ぬ時がある。
植える時があり、植えたものを引き抜く時がある。
殺す時があり、癒す時がある。
崩す時があり、建てる時がある。

どんなことも、行なうのにふさわしい潮時がある、という意味の記述の中に、「殺すという行為にも、それを行なうのにふさわしい時がある」と書いてあるので、保守派キリスト教徒は、「平和的な解決法を追求してても、どうしてもうまく行かなかった場合は、邪悪を倒すために正義の戦争を行なうことを聖書は認めている」と考えているのです。

邪悪を駆逐して正義を行ない、平和な社会を築くための戦争は just war（正義の戦争）であり、キリスト教の精神にかなっている、と信じているのです。

最後に、保守派キリスト教徒が抱いている「正義のために邪悪と戦う戦士」という戦闘的なイエスのイメージを決定づけた記述を見てみましょう。

ヨハネの黙示録には悪魔との最後の決戦のために再臨したイエスの姿が描かれています。

〈ヨハネの黙示録19章11節～16節〉

そして私は天が開かれるのを見た。見よ、白い馬がいる。その馬の騎手は「忠実な真実」と呼ばれ、義をもって裁き、戦う。彼の目は燃える炎、頭には多数の冠。彼の身には、彼以外は誰も知らない名が書かれていた。彼は血に染まった衣をまとい、彼の名は神の言葉と呼ばれた。
天の軍勢は純白の清い麻布をまとい、白馬に乗って彼につき従った。諸国の民を打ち倒すために彼の口からは鋭い剣が出ていた。彼は鉄の杖をもって彼らを治め、ぶどう絞り器から流れでる汁のように全能なる神の激しい怒りを放出する。彼の衣にも、腿にも「王たちの王、主たちの主」という名前が記されていた。

天の軍団を従えた「忠実な真実」と呼ばれる白馬の騎手、それがイエスです。

イエスの目は燃える炎、口からは鋭い剣が出ていて、鉄の杖をもって諸国民を治め、神の激しい怒りを放出し、しかも血に染まった衣をまとっているのですから、このイエスはまさに映画『ブレイブハート』並みの戦士です。

〈ヨハネによる福音書19章19節～21節〉
また、私は、馬の騎手と彼の軍勢と戦うために獣と地上の王たちと彼らの軍勢が集まるのを見た。獣は捕らえられ、自分のために奇跡を行なった偽預言者も獣と共に捕らえられた。偽預言者はこれらの奇跡で獣の印を受け、獣の像を崇拝した者たちを惑わしたのである。彼ら二人は、硫黄《いおう》の燃える火の池の中に生きたまま投げ込まれた。
残りの者たちは騎手の口から出ている剣によって殺され、全ての鳥たちが彼らの肉をむさぼった。

獣は悪魔、騎手はイエスのことです。

悪魔と戦うイエスのこのイメージは、正義の戦士という枠を超えて、『ハリー・ポッター』に出てきてもおかしくないキャラクターで、ホラームーヴィーのヒーローに近いものを感じます。

とにかく保守派キリスト教徒、特に福音主義者たちは、悪魔の存在もアルマゲドンの到来も心底から信じているので、彼らにとってのイエス像は、「信者に対しては優しくても邪悪（悪魔、敵）に対しては容赦なく制裁を加える戦士」なのです。

ですから、彼らは、地上の悪と戦うための戦争はキリスト教の教えにかなっている、と本気で信じているわけです。

例によって聖書には相容れない2つのイエスの側面が描かれていて、リベラルな人々と保守派キリスト教徒では、それぞれ「ロバに乗って各地を回って愛を説く優しい救世主」と「天の軍団を引き連れて悪を成敗する映画『ターミネイター』さながらの強靱な戦士」というイメージでイエスを見ているので、同じ聖書を読んでいても全く話がかみ合いません。

1990年代末期から2000年初期にかけて、「WWJD」という文字がついたブレスレットが大流行したことがありました。

WWJDはWhat Would Jesus Do?（イエスだったらどうしただろうか？）の頭文字を取ったものです。

WWJDと書かれたブレスレットをして、困ったときや怒ったときにブレスレットのこの文字を見て、イエスのアドヴァイスを仰ぎ、怒りを沈めよう、ということで、ニューエイジっぽいファッション感覚でヒット商品になりました。

そして、ＷＷＪＤが何の略語か知らない人はいない、というところまでこのブレスレットが浸透した頃、大学生の間で絶大な人気を誇ったダニエル・トッシュというコメディアンが、こういうジョークを大ヒットさせました。

君たちみんなＷＷＪＤって書いてあるブレスレットしてるよね？　僕もＷＷＪＤのブレスレットをしてるんだ。このあいだ映画館で携帯電話を切らなかったヤツがいたんだ。みんなが映画見てるあいだにそいつに電話がかかってきて、そいつときたら電話で話し始めたんだ。僕が「電話、切れよ」と言ったら、「大きなお世話だ」とか言うんだぜ。だから僕は怒り狂いそうになったんだけど、ブレスレットを見て、イエスだったらどうするだろう、って思ってね。で、そいつのことを炎に包んで地獄に投げ込んでやった。

ダニエル・トッシュは牧師さんの息子ですが、彼自身は超リベラルなコメディアンです。

リベラル派と保守派がこのジョークを切り口に、お互いが抱いているイエスのイメージの共通点を見いだせるよう歩み寄ってほしいものです。

第二十章　終末論

Public Opinion Polls

●２０１０年４月21日〜26日にかけてピュー・リサーチ・センターと『スミソニアン』誌がアメリカ在住の１５４６人の18歳以上の人々を対象に行なった世論調査

あなたは今後40年の間に（＝２０５０年までに）イエス・キリストが再臨すると思いますか？

再臨すると思う……………………………………………41％
再臨すると思わない………………………………………46％
無回答・分からない………………………………………13％

内訳

	思う	思わない
プロテスタント	54％	32％
白人原理主義者	58％	25％
カトリック	32％	57％
東部の住人	29％	64％
中西部の住人	39％	47％

南部の住人	52%	33%
西部の住人	35%	51%

●２００２年から２００６年にかけてギャラップ社が５０２４人のアメリカ人の成人を対象に定期的に行なった世論調査の平均値

あなたはイスラエルとパレスチナのうち、どちらに対して同情的ですか？

［(a) イスラエル、(b) パレスチナ、(c) 両方・どちらにも同情的ではない・分からない］

	(a)	(b)	(c)
共和党派（よく教会に行く）	77%	7%	16%
共和党派（あまり教会に行かない）	66%	15%	19%
無党派（よく教会に行く）	56%	14%	30%
無党派（あまり教会に行かない）	44%	19%	37%
民主党派（よく教会に行く）	49%	19%	32%
民主党派（あまり教会に行かない）	45%	22%	33%

●２００６年2月6日~9日にかけてギャラップ社が５０２４人のアメリカ人の成人を対象に行なった世論調査の中から白人の調査結果のみを抜粋したデータ

あなたはイスラエルとパレスチナのうち、どちらに対して同情的ですか？

［(a) イスラエル、(b) パレスチナ、(c) 両方・どちらにも同情的ではない・分からない］

	(a)	(b)	(c)
白人のプロテスタント	63%	14%	23%
白人のカトリック	64%	13%	23%
他の宗教の白人	66%	10%	24%
無宗教の白人	45%	19%	36%

●イラク戦争が開始された2003年3月20日にギャラップ社が602人のアメリカ人の成人を対象に行なった世論調査

あなたはイラク戦争を支持しますか？

強く支持する……60%
適度に支持する……16%
それほど支持しない……5%
強く反対している……15%
無回答・分からない……4%

ヨハネの黙示録

２００２年に『タイム』誌とＣＮＮが共同で行なった世論調査では、アメリカ人の59％がヨハネの黙示録に書かれていることが実際に起きると信じている、と答えています。

みなさんもよく耳にするヨハネの黙示録には、イエス・キリストが再臨してアルマゲドンに至るまでの過程、そしてその後の展開が記されています。

とりあえず、重要な部分だけ抜き出して駆け足で見ていきましょう。

ヨハネの黙示録は、名前の通り使徒ヨハネがイエスから授かった啓示を記したものです。

１章１節に、こう記されています。

イエス・キリストの黙示。これは、すぐに起きることになっていることを僕《しもべ》たちに示すために、神がキリストに与えたものである。キリストは、天使を派遣して、これを僕であるヨハネに告げた。

イエスが７つの教会を採点した後、７つの封印が一つひとつ開かれます。

第一の封印が解かれると、弓を持った白馬の騎手が冠を与えられ、さらなる勝利を目指して出て行きます。

第二の封印が解かれると、人々が殺し合うために地上の平和を奪い取る者が乗った赤い馬が出てきます。

第三の封印が解かれると、秤《はかり》を手にした者が乗った黒い馬が現れます。

第四の封印が解かれると、死という名の者が乗った青ざめた馬が現れ、ハデス（冥界の王）がつき従い、彼らに地上の４分の１を剣と飢饉と疫病と地上の獣によって殺す力が与えられます。

第五の封印が解かれると、信仰のせいで殺された人々に白い衣が与えられ、「あなたがた同様に殺される人々の数が満ちるまで、もうしばらくの間、休んでいなさい」と言い渡されます。

第六の封印が解かれると、大地震が起きて、太陽は黒くなり、月は血のように赤くなり、天から星が落ちてきます。

第七の封印が解かれると、神の前に立った7人の天使に7つのラッパが与えられます。

第一の天使がラッパを吹くと、血の混じった雹《ひょう》と火が地上に投げつけられ、地上の3分の1と木々の3分の1が焼け、青草が全焼します。

第二の天使がラッパを吹くと、炎と燃える巨大な山のようなものが海に投下され、海の3分の1が血になり、海の中の生物の3分の1が死にます。

ラッパが吹かれるたびに天変地異、災害が起こり、第七の天使がラッパを吹くと、天に「この世の国は我らが主、及びそのキリストのものとなった。主は永遠に支配する」という大きな声々が響き渡ります。

その後、天で天使ミカエルとサタンが戦い、サタンが地上に投げ落とされたり、獣が天から火を降らせたりします。

そして、この獣は人々の右手か額に刻印を受けさせます。この刻印は、獣の名、またはその名の数字666です。

その後、また天使が続々と現れて勧善懲悪の教えを説き、そのうちの一人がこう言います。

「倒れた！　大バビロンは倒れた！　その不品行なワインを全世界に飲ませたからだ」

この後、7人の天使が神の激怒を込めた7つの鉢をぶちまけます。

第一の鉢がぶちまけられると、獣の刻印を受けた者、獣の像を拝む者たちに悪性のひどい腫れ物ができます。

第二の鉢がぶちまけられると、海が血になり、海の中の生き物が全滅します。

第三の鉢がぶちまけられると、川と水源が血になります。

第四の鉢がぶちまけられると、太陽の灼熱の火で人々が焼かれます。

第五の鉢がぶちまけられると、獣の国が暗くなり、人々はあまりの苦しみのため舌を噛みます。

第六の鉢がぶちまけられると、ユーフラテス川が枯渇します。

第七の鉢がぶちまけられると、大地震が起きてバビロンの都は3つに引き裂かれ、大バビロンは滅びます。

そして、白馬の騎手、イエスが現れ、邪悪な者たちと戦って、彼らを滅ぼします。

サタンは、底知れぬ所に投げ込まれて、そこに千年間封印され、その間、信仰ゆえに殺された人や真の信者たちが生き返り、千年の間キリストと共に王となります。

千年が過ぎると、サタンが牢から解き放たれ、地の四方にある諸国、ゴグとマゴグを惑わすために出て行き、海辺の砂ほどの人数を戦いのために招聘《しょうへい》します。

しかし、天から火が降ってきて、彼らは焼き尽くされ、サタンは火と硫黄の池に投げ込まれ、獣、偽預言者と共に永遠に昼も夜も苦しみを受けます。

そして、死者が裁かれ、生きている間に信仰がなかった者たちは火の池に投げ込まれ、第二の死を遂げます。

そして、新しい天と新しい地が現れ、もはや海もない状態になり、御座《ぎょざ》から出る大声がこう言います。

「見よ、神の家が人と共にある。彼は人と一緒に住み、人は彼の民となる」

そして、キリスト教の信者たちは、死も悲しみも叫びも苦しみもない場所で神に照らされて永遠に暮らすことになります。

以上の記述を信じている保守派キリスト教徒は、神と共に永遠に暮らしたいので、早くイエスに再臨してもらいたいと願っています。

ですから、地球温暖化や環境破壊を、7つの封印が解かれ、7つのラッパが吹かれて起きる天変地異や自然災害と重ね合わせて、イエス再臨の前兆として「大歓迎」しているわけです。

また、テサロニケ人への第二の手紙2章には、イエス再臨の前に悪魔がエルサレムのユダヤ寺院で自分こそが神であると宣言する、という記述があります。

この預言が実現するためには、エルサレムにユダヤ寺院が存在しなければなりません。

そのため、福音主義者、及び保守派キリスト教徒の多くはイスラエルがエルサレムを支配して、エルサレムにユダヤ寺院を建造することを望んでいるのです。

アメリカで共和党系の人々の間に断固たるイスラエル支持者が圧倒的に多いのはこのせいだと言われています。

ちなみに、ユダヤ寺院が建造されるべき場所には、イスラム教徒にとってメッカ、メディーナに次ぐ第三の聖地「アル・アクサ・モスク」が存在するので、まずこのモスクを破壊しないとユダヤ教寺院は建造できません。

ですから、イスラエル支持ということは、必然的にアンチ・イスラムということになってしまうのです。

イラク戦争と聖書

イラク戦争を始めるに当たり、ブッシュ元大統領はフランスのシラク元大統領に電話をして、「中東で暗躍しているゴグとマゴグを打ち負かさなくてはならない」と発言したそうですが、この一言からも、ブッシュ氏がイエス再臨への準備としてイラク戦争に取り組んでいた可能性が高いことが分かります（2007年に、ローザンヌ大学の神学者、トマ・ロメール教授が、「ブッシュ大統領から『中東で暗躍しているゴグとマゴグを打ち負かさなくてはならない』と言われたシラク氏からゴグとマゴグについて問い合わせがあった」と発表しています）。

また、ブッシュ氏はテロについて語るときに、頻繁にevil（邪悪な、悪）という単語を用い、イラン・イラク・北朝鮮をaxis of evil（悪の枢軸）、サダム・フセイン元大統領のことをevil man（邪悪な男）と呼んでいました。

9・11のテロの3か月後に行なわれた2002年の一般教書演説では、evil is real and it must be opposed（邪悪は実在するので、それに対抗しなければなりません）と述べ、especially in tragedy God is near（特に悲劇が起きたときは神が身近にいてくれます）と言っています。

現在のイラクが古代のバビロニアの地にあり、フセイン元大統領が自分のことを古代バビロニアの王、（エルサレムを占領した）ネブカドネザル2世に譬えることが好きで、聖書ではバビロニアが悪の帝国の代名詞のごとく扱われているので、福音主義者、及び保守派キリスト教徒の多くは、ブッシュ氏の演説を聞きながらイラク戦争とサタンとの戦いをオーヴァーラップさせていたのです。

宗教戦争なんて中世の出来事だと思っている日本人にはなかなかピンとこないと思いますが、聖書の言葉を文字通り信じている人々にとっては、サタンとの戦いは大マジメな一大イヴェントで、イエスの再臨も絶対に起きる出来事なのです。

第二十一章　疎外感を味わう保守派キリスト教徒

Public Opinion Polls

●2010年12月に2万6417人のアメリカ人の成人を対象にギャラップ社が行なった世論調査

あなたは下記の中のどちらですか？

保守派……………………………45％
中道派……………………………35％
リベラル派………………………20％

あなたの支持する政党は？

共和党……………………………33％
無党派……………………………35％
民主党……………………………32％

●2010年9月13日〜16日にかけて1019人のアメリカ人の成人を対象にギャラップ社が行なった世論調査

あなたはメディア（マスコミ）の報道に関してどう思いますか？

あまりに左寄りである……………………………………48％
ちょうどいい……………………………………………33％
あまりに保守的である…………………………………15％
無回答・分からない……………………………………4％

（内訳）

	あまりに左寄り	ちょうどいい	保守的	無回答
民主党派	22％	48％	26％	4％
無党派	45％	35％	15％	5％
共和党派	75％	15％	6％	4％
リベラル派	11％	51％	33％	5％
中道派	40％	40％	15％	5％
保守派	73％	17％	8％	2％

ジョージタウン大学が２００８年の選挙で使った寄付金の内訳

民主党…22万１４９０ドル（92％）
共和党…２万５５００ドル（８％）

●２００８年の大統領選でオバマ候補には有利で、マケイン候補には不利なことのみを報道するように影で談合した組織ジャーナリストのメンバー

『ロサンジェルス・タイムズ』紙のジョナサン・チェイト、『タイム』誌のジョー・クライン、『ワシントン・ポスト』紙のデイヴィッド・ウェイゲル、『ニューヨーク・タイムズ』紙のポール・クルグマン、CNNのジェフリー・トゥービン、『ワシントン・インディペンデント』紙のスペンサー・アッカーマン、『ニューヨーク・タイムズ・マガジン』紙のジョン・ジュディス、ほか約70人

2008年の大統領選の報道に関する調査結果

三大ネットワーク（ABC、CBS、NBC）における調査

・オバマに関する報道でポジティヴな報道……65%
・マケインに関する報道でポジティヴな報道……31%

メディア全体の「オバマ」に関する報道のトーン

ポジティヴ……36%
中立……35%
ネガティヴ……29%

メディア全体の「マケイン」に関する報道のトーン

ポジティヴ……14%
中立……29%
ネガティヴ……57%

★『ワシントン・ポスト』紙がオバマをトップ記事として扱った回数はマケインの約3倍

左寄りの報道

2008年の大統領選当時『ワシントン・ポスト』紙の行政監察官だった故デボラ・ハウェル氏は、大統領選直後にこう言っています。

『ポスト』紙のジャーナリストのほぼ全員がオバマに投票したはずです。私もオバマに投票しました。『ポスト』紙には中道派もいますが、保守派はほとんどいません。

この一言と様々な調査結果が物語っている通り、少なくともここ数年のアメリカのメディアは圧倒的に「左寄り」なのです。

2008年の大統領選のメディア全体の報道でオバマ氏とマケイン氏のポジティヴな報道数の差が縮まっているのは、「フォックス・ニュース」が孤軍奮闘して保守的な視点の番組をやっていたからです。「フォックス・ニュース」以外のニュース番組は、リポーター、アンカーの大多数がリベラルなトーンの報道をしていて、MSNBCは「フォックス・ニュース」の逆で左翼の宣伝塔と化しています。

連邦政府からの補助金と寄付金で成り立っている「公立」のテレビ局PBSやラジオ局NPRもリベラ

ルです。

ＮＰＲは、１９９５年にジェシー・ヘルムズ議員率いる共和党がエイズ研究費を削減したときに「天罰が下ってヘルムズと彼の孫たちがエイズになるでしょう」と言ったコメンテイター、ニーナ・トーテンバーグには何の処罰も与えなかったのに、２０１０年に「空港でムスリム（イスラム教徒）を見ると不安になることもあるのは正直な感情だろう」と、「フォックス・ニュース」にゲスト出演してコメントしたコメンテイターのことは即座にクビにしています。

芸術を流布《るふ》するための公的機関である全米芸術基金が、連邦政府の資金で芸術家を雇って、オバマ支持のポスターなどを作らせていたことが発覚したときも、「フォックス・ニュース」以外の報道機関ではほとんど問題にされませんでした。

政府の援助金を得ているスミソニアン博物館は、わざわざクリスマスの時期に磔《はりつけ》にされたイエスがアリに食いつぶされる、というアートを展示し、「フォックス・ニュース」以外のテレビ局では、「Merry Christmas!」は「他宗教の人々に対して失礼だから」ということで、「Happy Holidays!」という挨拶をしています。

新聞や雑誌の四コマ漫画やテレビのアニメ、コメディアンはムスリムをジョークのネタにすることはありませんが、イエス・キリストやキリスト教徒は頻繁に時代錯誤の愚鈍者として小馬鹿にされ、共和党派・保守派の人々は連日連夜徹底的に罵倒され、非難されています。

民主党派・リベラル派の人々は「様々な異なる見解に対して寛容で、誰でも受け入れてあげる広い心の持ち主」と自負していますが、ことあるごとに「共和党派・保守派の連中はヒットラーみたいだ」と批判し、保守派の見解に対しては寛容とはほど遠い露骨な激しい敵意を示しています。

「フォックス・ニュース」以外のメディアは、テロリストがムスリムである場合は犯人の宗教を明示することを避けていますが、容疑者が白人クリスチャンのミリシア（militia　武装民兵組織）の場合は、犯人と確定される前から鬼の首でもとったように大々的に「右翼キリスト教徒の自警団員がテロの容疑者！」と発表しています。

2011年初頭に民主党保守派のギフォーズ議員の狙撃事件が起きたとき、アメリカのマスコミの左寄りの傾向が非常に顕著に現れていました。

9割方の報道機関は、テキサスの米軍基地で乱射事件が起きたときは、犯人が過激派ムスリムだと分かった後も犯人の宗教や政治的見解のリポートは極力避け、左翼環境保護主義者が「ディスカヴァリー・チャンネル」で人質を取ったときも、「犯人は精神に異常をきたした人間」とリポートしていました。

しかし、同じ報道機関が民主党のギフォーズ議員狙撃事件のときは事件発生と同時に「犯人はティー・パーティに影響された反政府主義者だろう」と吹聴《ふいちょう》し、犯人が情緒不安定な人間で政治とは無関係の犯罪だったことが明らかになった後も共和党バッシングを続行していたのです。

さらに9割方の報道番組は、犯人の元同級生の「彼は極左思想の持ち主で9・11のテロはブッシュ政権が絡んでいたと信じていた」という証言や、左翼ブロガーが「ギフォーズは中道派なので僕にとっては死んだも同然」と彼女を罵倒するコラムを書いていたことはそっちのけで、「この狙撃事件は共和党と保守派のラジオ・コメンテイターの攻撃的なレトリックのせいだ」と共和党を批判しました。

特に、2010年11月の中間選挙に向けて保守派のサラ・ペイリン氏が言った「支持基盤が弱い民主党議員を標的にして倒そう」という一言は、9割方の報道関係者から「共和党の攻撃的なレトリック」として批判されていました。

2008年の大統領選挙キャンペーン中にオバマ氏は「やつら（対抗馬）がナイフを持ってきたら、俺たちは銃で立ち向かう」と言い、2010年の中間選挙でヒスパニックの支持者たちに「敵（共和党）を罰してやれ」と言うなど、オバマ氏の発言には非常に攻撃的なレトリックが多いのですが、マスコミはオバマ氏の暴言は「単なる言葉の綾《あや》」と軽く受け流していました。

民主党も、選挙の時に倒したい共和党議員のいる地区に標的のマークをつけた地図をよく作っていますが、これもマスコミから批判された試しがありません。

『ニューヨーク・タイムズ』紙のコラムニストでオバマ氏の大ファンである、ポール・クラッグマン氏は、ギフォーズ狙撃事件が起きた数時間後には何の根拠もないのに「右翼の攻撃的なレトリックがこの事件を招いた」と断定し、徹底的な共和党バッシングを展開。

当の本人は2009年の12月に「革新派へのメッセージ〈ジョー・リーバーマン（上院議員）の人形を吊しクビにしろ〉」と中道派の議員への敵意を煽り、クラッグマン夫人はオバマ氏が大統領になったときにパーティを開き、「ポータブル暖炉の中に保守派の連中に似せて作った人形（effigy）を放り込んで、8年間のイヤなものを駆除した」と発言していました。

また、複数のコメディアンが頻繁にサラ・ペイリン氏に関して「Kill the bitch!」とか、「あのバカ女、マンハッタンで黒人にギャング・レイプされればいい」とか、「あのアマを中絶してやれ」などと攻撃的な発言をヒステリックに繰り返していましたが、これらも「フォックス・ニュース」以外のマスコミは全く批判していませんでした。

『アトランティック』紙に雇われた報道写真家、ジル・グリーンバーグ氏は、わざと不気味なライティングを使ってマケイン氏の皺を際立たせた恐ろしい顔の写真を撮り、さらに自分のウェブサイトではマケイン氏をドラキュラに仕立て上げたり、マケイン氏の頭の上にチンパンジーがウンコをしている合成写真を発表しましたが、クビになることはなく、今でも大活躍しています。

オバマ氏やリベラルな人たちの攻撃的発言や陰険な憎しみに満ちた行為は全く批判しないのに、保守派が少しでも攻撃的なことを言うと即座に目くじらを立てる、というアメリカのマスコミの現状を鑑みると、保守派の怒りやフラストレイションが決して不当なものではないと思えてきます。

民主党はギフォーズ狙撃事件を利用して露骨に献金収集活動をしていたのに、9割方のマスコミがこの品格ゼロの醜い政治運動に関して一言も触れなかった事実からも、やはりアメリカのメディアは公正を欠いていると言わざるを得ません。

公正を欠いているのは報道番組ばかりではありません。ハリウッドが作り出す映画やテレビ番組も、ほとんどが左派の思想を〈善〉として提示し、左派の人々をヒーローとして扱い、保守派の思想や人々のことは徹底的に邪悪なものとしてこきおろしたり、笑いモノにしています。

ですから、保守派の人々は共和党系の思想が聴けるラジオのトークショーと「フォックス・ニュース」しか視聴しなくなり、左派と保守派の溝はますます深まるばかりなのです。

ＰＣ過剰なアメリカ社会

「不法移民」のことも「登録されていない人々」と言い換えるほど政治的に正しい表現を追求するメディアの影響を受け、アメリカの社会全体もＰＣ（politically correct）であることに大きな比重を置くようになっています。

オクラホマで何十年も続いていた伝統的な「クリスマス・パレード」が非クリスチャンへの配慮から「ホリデイ・パレード」と改名されたり、お店でも店員さんが「Merry Christmas!」の代わりに「Happy Holidays!」と挨拶するなど、PC過剰のせいでキリスト教徒たちが「迫害されている」と感じざるを得なくなってしまった出来事は、文字通り枚挙にいとまがありませんが、特に記憶に残る最近の例をいくつかご紹介しましょう。

・ACLU（米国自由人権協会）が百校以上の公立学校に「教職員がクリスマスに関することを一言でも言ったら違憲行為として訴訟を起こす」という手紙を送りつけた。

・連邦政府の援助を受けている老人ホームが、何十年も続いていた食事の前のキリスト教の祈りを、違憲だから、ということで禁じた。

・カリフォルニア大学サンディエゴ校のムスリム学生会の学生が「私はヒットラー青年隊のイヴェントを主催し、ハマスを支持している」と公の場で言ったのに、お咎めナシだった。

・ミシシッピー州の竜巻の被災地で救済活動をしていた教会のヴォランティアたちに、オバマ政権が「テレビのカメラがあるときはキリスト教の言葉が入ったTシャツを着るな」と命じた。

・サウスキャロライナ州チャールストン市の消防署の敷地内に2007年の火事で消火活動中に殉死した9人の消防士（全員クリスチャン）の記念碑として飾られている十字架に対して、違憲だという文句が出て、市が十字架が違憲ではないと証明するために莫大な弁護予算と時間を割《さ》くことを余儀なくされた。

・ユダヤ教のハヌカー祭、クリスマス、キング牧師の誕生日、中国の文化大革命60周年を祝って特別なライティングをしたエンパイア・ステイト・ビルが、カトリック教会の「マザー・テレサの生誕100年を祝い、特別なライティングをしてほしい」という要求を却下した。

バーブラ・ストライサンドなどのハリウッド・スターたちから巨額の献金をもらっているＡＣＬＵから訴えられると、弁護費用がかかりすぎるので、たいていの団体は訴訟を避けるためにキリスト教を排他する傾向にあります。

ですから、アメリカのキリスト教徒たちは、自分たちが多数派なのに「十字架を見て気分を害した」とか言う人がたった一人でもいると、そのたった一人の主張が通ってしまうＰＣすぎる今のアメリカは「民主的ではない」と悲嘆に暮れているのです。

オバマ政権もＰＣであろうと、並々ならぬ努力をしています。

オバマ氏は選挙キャンペーン中はことあるごとに自分がクリスチャンであることを強調しましたが、大統領になってからは独立宣言を引用するときにわざと「the Creator（創造主）」という一言を省くなど、敬虔なキリスト教徒の気持ちを逆なでするようなことを頻繁に行なっています。

アメリカの空港では「テロ対策」として、乗客はペニスや股間、バストの形までハッキリ分かるスキャナーで全身の身体検査を受けなくてはならず、ブラジャーのアンダーワイヤーや入れ歯の金具などがスキャナーにひっかかった場合は、セクハラとしか思えないほどの「おさわりボディ・チェック」を余儀なくさせられます。

２０１０年11月までは、パイロットや客室乗務員もこうした身体検査を義務づけられていました。

保守派の人々は、「諜報機関の情報に基づいて、疑わしい人物に的《まと》を絞って身体検査をすべきだ」と言っていますが、オバマ政権もリベラル派も、「そうすると中東の人々やムスリムが不快感を味わうことが多くなって不公平なので、全員が平等に不快感を味わうべきだ」という姿勢を貫いています。

２０１０年12月には、メッカ巡礼のために3週間の休暇を要求して拒否された公立学校の先生が「公民権違反」として起こした裁判にオバマ政権の司法省が荷担しています。

また、２０１１年からアメリカのパスポート申請書は、同性愛者への配慮から「母親の名」「父親の名」の代わりに「親１の名」「親２の名」という項目名が使われることになりました。

左派が牛耳《ぎゅうじ》る教育現場

アメリカは、教育現場も左寄りです。

教員組合は２００８年の大統領選では早くからオバマ支持を表明し、公立学校の教師たちが学校内で「オバマに投票しよう！」という一言がついたバッジをつけていたり、授業時間にマケイン支持の生徒を鼻でせせら笑うなど、あからさまに公平を欠く行動を取っていました。

9・11のテロ直後にブッシュ元大統領の演説を学校の授業時間に聴かせることを拒んだ教師たちが、オバマ氏の就任演説やその他の演説を授業中に生徒に聴かせることも、珍しくありません。

ムスリムの生徒への配慮から、授業時間にモスクの見学に行くのに、「学校は宗教に中立であるべき」という理由で、学校に十字架のペンダントをつけてくるクリスチャンの生徒や、フットボールの試合の前に個人的にキリスト教の神に祈りを唱えた生徒に停学処分を与えます。

歴史の教科書では、黒人のヒーローや女性の偉人に大きなスペースを割き、従来の白人男性のヒーローがないがしろにされ、ネイティヴ・アメリカンへの配慮からピルグリム・ファーザーズや、合衆国建国にあたってキリスト教が果たした役割、白人開拓者の偉業には一切触れないことが多くなっています。

アメリカの多くの学校で使用されている社会科の教科書 *World Cultures and Geography* には、宗教に関してこう書かれています。


ユダヤ教は国外追放された人々の物語です。キリスト教徒たちは、イエスが救世主だと信じています。コーランは、神がムハンマドに与えた啓示の集大成です。


つまり、コーランは神の言葉であるという記述ですが、ユダヤ教は物語で、キリスト教は単にキリスト教徒が信じているだけのもの、という口調です。

さらに、「キリスト教はジーザス（イエス）という名のパレスチナ人が創設した」とか、「古代ユダヤの社会は文明の進化にほとんど寄与しなかった」と書かれている教科書もあります。

マサチューセッツ州教育省長官だったサンドラ・ストツキー氏は、こうしたアンチ・ユダヤ教、アンチ・キリスト教、親イスラム教の記述が教科書に出てくる理由は、教育現場にアドヴァイスを与える立場のハーヴァード大学やジョージタウン大学などがサウジアラビアから多額の寄付金をもらっているからだ、と証言しています。

彼女が現場で調査をした2005年の1年だけでも、ハーヴァード大学とジョージタウン大学はそれぞれサウジアラビアから2億ドルの献金をもらい、アメリカの小中高校でイスラム教を広めるための活動を行なっていました。

ハーヴァード大が教育現場に与えたアドヴァイスの中には、以下のようなものがありました。

・生徒たちにイスラム教の祈りのための絨毯を作らせる。
・メッカ巡礼に行くことの意義を生徒たちに教える。
・イスラムの5つの柱を生徒たちに覚えさせる。
・生徒たちにコーランの朗唱を聞かせ、生徒たちにも朗唱させる。
・生徒たちに様々な国々のムスリムの衣服を身につけさせる。

こうした事実を目《ま》の当たりにしたキリスト教徒の多くが、「違憲という理由で、十字架のペンダントさえ身につけられない公立学校で、イスラム教は堂々と布教活動をしているなんて不公平だ」と憤慨しているわけです。

幸い、アメリカでは親が教師になって、あるいは親が家庭教師を雇って家庭で子供に教育を施すという「ホームスクール制度」が認められているので、保守派キリスト教徒には左寄りの学校を嫌ってホームスクールを選ぶ家庭が少なくないのです。

ちなみに、国立科学教育センターが2011年2月に発表した調査結果によると、アメリカでは150万人の子供たちがホームスクールを受けていて、ホームスクールを選んだ理由のトップ3は、宗教的理由（36％）、学校の環境に関する不安（21％）、学校の教育レベルに対する不満（17％）、となっています。

ホームスクールは保守派キリスト教徒ばかりではなく、ショウビズで活躍する子役や子供のシンガー、日本でも有名なザ・ファイヴ・ブラウンズなどの天才姉弟アンサンブル、体操選手やスケート選手、病気などで学校に行けない子供たち、いじめられっ子や学校での銃乱射事件を恐れる子供たちにとっても、代替の教育環境となっています。

アメリカは、大学も圧倒的に左寄りです。

2010年3月、大学で偏見のない真実を教えることを目指す団体、アキュラスィー・イン・アカデミアが行なったインタビューで、ハーヴァード大学法学部のリチャード・パーカー教授が「私は無党派ですが、百人ほどいる教授、準教授の中で共和党派はおそらく8人足らずでしょう」と発言し、ハーヴァードの左寄りの偏見を嘆いていいます。

カナダのブリティッシュ・コロンビア大学が発表した調査によると、大学教授の43%がリベラルだと自認していて、保守派だと言った人はわずか9%。同調査では、作家・ジャーナリストの37%がリベラルだと自認している（保守派はわずか11%）、という結果が出ているので、マスコミや教育現場が左寄りなのは北米全体の傾向のようです。

（ちなみに、同大学の調査では、警察や法執行機関では保守派29%、リベラル派11%、医師・歯科医は保守派31%、リベラル派17%、宗教関係者は保守派46%、リベラル派16%、という結果が出ています）

アメリカの教育現場で左寄りの人が多いという傾向は、ハーヴァード大学、スタンフォード大学、ジョージ・メイソン大学などの研究結果を総括すると、下記のような理由が挙げられます。

19世紀後半に「お金欲しさに働くという人を教育者にすると、真の教育ができなくなる」という理由で教育者の給料を比較的低く設定したことに端を発しています。

保守派キリスト教徒は金儲けは神の道だと思っているので、教職以外の職業を選ぶ傾向が強くなり、教育現場にはリベラルな人が多くなりました。

そして、Birds of a feather flock together.（類は友を呼ぶ）ということわざもあるように、人は居心地のいい職場を選ぶものなので、リベラルな人は同種の人が多い教職を選び、保守派は孤立を避けて教職を選ばないようになり、教育現場はリベラル派が多い、という傾向が確立したのです。

特に大学では、現職の教授たちが新しい教授を選んで迎え入れるため、同種の人間（＝リベラルな人）が仲間として選ばれることが多いので、大学教授には圧倒的にリベラルな思想を持つ人が多くなってしまうのです。

こうした極端に左寄りの大学の教育現場に、保守派の人たちは「学生が洗脳されてしまう」と危機感を覚え、保守派キリスト教徒たちがアヴェ・マリア大学、パトリック・ヘンリー大学、リバティ大学などを設立して、ホームスクールを受けたクリスチャンの子供たちや、リベラルな教授や学生に小馬鹿にされるのがイヤで大学に行かないことを選んでいた生徒たちを積極的に受け入れています。

しかし、残念ながら「保守派は保守派の大学へ進む」というのは大学の左翼化を食い止める適切な是正手段ではありません。

それどころか、保守派キリスト教徒と一般の大学の接点を断ち切り、二者の溝を深め、保守派キリスト教徒のさらなる隔離を招いているだけで、公立学校と8割方の大学は左寄りのまま、という状況が続いています。

ですから、保守派の人々（特に保守派キリスト教徒たち）は、アメリカの成人の45％が保守派（リベラルな人の2倍以上）であるにもかかわらず、情報社会のこの世の中で最も重要なマスメディアと教育という分野において多数派であるリベラルな人々に牛耳られていて、自分たちが無視されている、という疎外感を抱いているのです。

と同時に、マスメディアと教育の現場で自分たちの見解が全く反映されていないことに強い危機感を抱いているため、ますます頑《かたく》なになってリベラルな社会に対する不信感が増しているわけなのです。

日本でも、もし教育現場で年がら年中、左翼思想ばかりが教えられていたら、きっと中道派や保守派の人々は疎外感を味わうことでしょう。

外国に住んだことのない日本人は、日本がひどく住みにくい国になったと感じているようですが、様々な視点を持つ報道機関があり、一つの思想を押し売りしない教育現場が存在する日本は、少なくともアメリカよりはよっぽど均整の取れた民主主義国家であると言えるのではないでしょうか。

第二十二章　保守派キリスト教徒と話し合う方法

保守派キリスト教徒の多くは「リベラルな連中はモラルのない不届き者だ」と信じていて、リベラルな人々は「保守派キリスト教徒は科学を信じない前世紀の遺物だ」と思っています。

彼らはお互いの価値観やイデオロギーが全く違うので、まともに話し合うことすらできません。

この二極対立の現状を少しでも緩和するために２つの打開策が考えられます。

(1) 目には目を、歯には歯を、聖書には聖書を

一つめは、保守派クリスチャンが信仰の拠《よ》り所としている聖書の言葉を使って、彼らの非科学的な偏見に挑戦する、という方法です。

まず、日本でも放送されていたアメリカのＴＶドラマ「ザ・ホワイトハウス」で、リベラルなバートレット大統領（マーティン・シーン）が同性愛バッシングを繰り返すラジオのパーソナリティ、ジェナ・ジェイコブズと話すシーンをご紹介しましょう。

大統領　あなたの番組、好きですよ。同性愛を忌み嫌うべきものと呼んでるところが気に入ってます。

ジェイコブズ　大統領、同性愛は忌み嫌うべきものだと言ってるのは、私ではなくて聖書です。

大統領　確かに書いてありますな。レビ記に。

ジェイコブズ　18章22節です。

大統領　章と節まで暗記してるんですね。あなたがここにいらっしゃる間にちょっとお聞きしたいことがあります。出エジプト記21章7節で許可されているので、末娘を奴隷として売ろうと思ってましてね。彼女はジョージタウン大学2年生で流暢なイタリア語を話し、自分の当番のときはちゃんと食事の後かたづけをします。売値はどれくらいにしたらいいでしょうかねぇ。さらに質問。首席補佐官のレオ・マギャリーは安息日に働くと主張してます。出エジプト記35章2節は、そういう人間は死刑にすべきと明記してます。私がこの手で殺さなければならない、という道徳的な義務があるでしょうかねぇ。それとも警察に頼んでもいいですか？　この街にはスポーツ・ファンが多いから、彼らにとってとても重要な質問もあります。死んだ豚の皮に触れるのは不浄なことだと、レビ記11章7節に記されてますが、選手たちが手袋をすると誓えば、ワシントン・レッドスキンズ、ノートルダム、ウェスト・ポイントのチームはフットボールをやらせていただけますか？　異種の穀物を隣同士にして植えた私の弟ジョンは、街中の人々を集めて石打ちの刑に処さなければならないんでしょうかねぇ。別種の2つの糸で織られた服を着た私の母を、家族だけの小さな集《つど》いの場で火あぶりにしてもいいでしょうか？

レビ記18章22節は、99ページでご紹介した「汝《なんじ》、女と寝るように男と寝てはならない。これは憎むべきことである」という文言です。

出エジプト記21章7節には「人が自分の娘を女奴隷として売るときは、彼女は男奴隷と同じように去ることはできない」と記されていて、この後に、人が自分の娘を女奴隷として売るための条件が明記されています。

バートレット大統領の言う通り、聖書では娘を売ることを許可している、ということです。

出エジプト記35章2節には「7日目は聖なる日であり、主の完全なる休みの安息を守らなければならない。この日に仕事をする者は、いかなる者も殺されなければならない」と記されているので、この掟《おきて》に従うと保守派クリスチャンの多くも殺されることになってしまうでしょう。

また、神はレビ記1章1節～5節で、信者たちが食べてもいい動物に関して説明し、「蹄《ひづめ》が分かれ、蹄が完全に割れているもの、反芻するものは食べてもよい」と告げ、岩狸や野兎は蹄が分かれているが反芻しないので汚れたものだ、と言っています。

そして、レビ記11章7節～8節で、「豚は蹄が分かれていて、蹄が完全に割れているが、反芻しないので、あなたがたにとって汚れたものである。あなたがたはそれらの肉を食べてはならなず、死体に触れてはいけない。それらはあなたがたにとって汚れたものである」と断言しています。

田舎の州の保守派クリスチャンのみなさんは野兎などをハンティングして食べているので、これまたとんでもない掟破りということになります。

バートレット大統領の最後の一言は、レビ記19章19節の「畑に2種類の種を蒔《ま》いてはならない。2種類の糸で織った布の服を着てはならない」をもじったものです。

今の世の中では、2種類の糸で織った布の服を着たことがない人などめったにいないでしょうから、保守派クリスチャンも軒並み地獄落ちということになります。

聖書には、この他にも、保守派クリスチャンの多くが全く守っていない掟がたくさん記されています。

例えば、レビ記11章10節には「水の中の生き物で、ヒレやウロコのないものは全て、あなたがたにとって忌み嫌うべきものである」と書かれています。

つまり、エビやイカは忌み嫌うべきもので食べてはいけない、ということです。

ゲイ・バッシングをする保守派クリスチャンがいたら、「あなた、シュリンプ・カクテルとか、カラマリ（イカリング）とか食べたことあります？」と聞いてみましょう。「ある」と答えたら、「じゃ、あなたも地獄落ちですね」と言って、レビ記11章10節の記述を教えてあげましょう。

また、レビ記19章28節には「自分の身に入れ墨をしてはならない」と明記されているので、タトゥーをしている保守派クリスチャンに「あなた、地獄落ちですよ」と教えてあげなくてはなりません。

マルコによる福音書10章11節～12節では、イエスが「妻と離別して他の女を妻とする者は、前妻に対して姦淫を犯すのです。妻も、夫と離別して他の男と結婚するなら、姦淫を犯すのです」と言っています。

姦淫は十戒で禁じられた罪なので、離婚する人は十戒を破っている、ということです。

聖書の言葉が真実だから同性愛は忌み嫌うべきで、進化論は神への冒瀆だというのなら、聖書に記されている掟を全て守るべきではないのか、というバートレット大統領の論法は、妥当なディベートの路線です。

保守派クリスチャンが「これらの掟は今の世の中には通じない」とか、「聖書の一部は単なるガイドラインや寓話のようなもの」と言い訳をしてきたら、もうこっちのものです。

間髪を入れずに、「同性愛は忌み嫌うべきものだというのも今の世の中には通じないのでは？　天地創造の記述も単なる寓話なのでは？」と言って、自分にとって都合のいい部分だけを信じるのはおかしい、ということを指摘しましょう。

「聖書には聖書を」というディベートの手法は、断固たる保守派クリスチャンの見解を覆すことは無理だとしても、少なくとも中道派の人々が同性愛バッシャーになることを防ぐことくらいはできるはずです。

(2) リベラル派は心を開くか、首尾一貫した態度を取るべき

リベラルな人々は「保守派クリスチャンは時代錯誤で心が狭い」と批判し、自分たちは多種多様の考え方を受け入れるマルチ・カルチャーで心の広い寛容な人間だ、と主張しています。

リベラルな人々は「この世の中には様々な文化、宗教があり、それら全てを尊重して、キリスト教一辺倒の排他的な価値観を捨てるべきだ」と思っているわけです。

マルチ・カルチャーな現代のアメリカにふさわしい意見です。

しかし、彼らは様々な宗教の全てを尊重すべきだ、と言いながら、実はキリスト教を迫害していることが多いのです。

彼らは、神が天地を創造し、中絶は宗教的大罪であると信じているムスリムやカトリックのヒスパニック、輪廻転生《りんねてんしょう》を信じている仏教徒、ゲイ・バッシングをする黒人やヒスパニックに対しては「それが彼らの宗教・文化なのだから」というスタンスをとり、決してバカにしたり敵意を示したりしません。

しかし、天地創造やキリスト再臨を信じて中絶に反対している保守派クリスチャンのことは頭ごなしに「時代錯誤」とか、「アンチ科学」と小馬鹿にして、激しい嫌悪感をむき出しにしています。

つまり、リベラル派の「寛容な心」は、保守派クリスチャンに対しては適用されない、ということです。

ですから、保守派クリスチャンから「リベラルな人間は偽善的だ」と思われても文句が言える立場にはないのです。

自分は寛容だと主張しながら保守派クリスチャンを忌み嫌うリベラル派は、都合のいい記述のみを聖書から抜粋してゲイ・バッシングをする保守派クリスチャンと何ら変わらない偽善者と言えるのではないでしょ

うか。

レッド・ステイツとブルー・ステイツの溝を少しでも埋めるためには、リベラルな人々は首尾一貫した態度を取るべきでしょう。

科学で押し通したいのなら、天地創造を信じているムスリムのことも「アンチ科学」と批判すべきだし、寛容であることを主張したいなら、中絶に反対する保守派キリスト教徒にも心を開くべきです。ゲイ・バッシングをする人々を批判するときは、白人よりもゲイ差別の度合いがひどい黒人とヒスパニックのことも、「非白人のことは批判すべきではない」などと言わずに、堂々と批判すべきなのです。

保守派キリスト教徒たちは、自分たちは神の恵みを受けている、という優越感を持っていて、リベラルな人間は地獄落ちだと信じているので、彼らのほうからリベラルな人間に歩み寄るのは至難の業《わざ》に違いありません。

しかし、リベラルな人間は科学的で論理的な大人の議論ができる、と自負しているのですから、まずは自分たちから折れて、半歩でも歩み寄る努力をしてみるべきでしょう。

少なくとも天地創造と中絶に関しては、ムスリムやヒスパニックの考え方に対するのと同等な尊敬の気持ちを持って保守派キリスト教徒に接すれば、意義のある話し合いができて、妥協策を見いだすことができるのではないでしょうか。

《著者紹介》

西森マリー

ジャーナリスト。エジプト、カイロ大学で比較言語心理学を専攻。1989年〜1994年、テレビ朝日系「CNNモーニング」でアンカーを務めたほか、NHK教育テレビ「英会話 I」の講師、NHKの海外向け英語放送のDJなどを歴任。1994年、ヨーロッパに移住し、ヨーロッパでロケが行なわれる映画やドイツ・北欧のロックシーンの取材をしていたが、1998年以降はアメリカ、テキサスに本拠地を移し、福音主義者らと政治に関わり、選挙現場の取材等に力を入れている。主な著書は、『オバマ失言で学ぶアメリカ』(KKベストセラーズ)、『警告！ 絶対にマネをしてはいけない「ブッシュ君」英語集』(マガジンハウス)、『この英語、ネイティヴにはジョーシキです！』(ジャパンタイムズ)、『西森マリーのカード、英語で書きましょう！〈完全版〉』(研究社)など、多数。

レッド・ステイツの真実《しんじつ》

アメリカの知《し》られざる実像《じつぞう》に迫《せま》る

2011年8月1日　初版発行

著　者　西森《にしもり》マリー

発行者　関戸雅男

発行所　株式会社 研究社

〒102-8152 東京都千代田区富士見2-11-3
電話　営業 (03) 3288-7777 (代)　編集 (03) 3288-7711 (代)
振替　00150-9-26710
http://www.kenkyusha.co.jp/

KENKYUSHA
〈検印省略〉

印刷所　研究社印刷株式会社

装丁・本文デザイン　亀井昌彦

イラスト　株式会社イオック（赤川ちかこ）

ISBN978-4-327-37729-8 C0036 Printed in Japan
